Escatología contemporánea

SÉRIE CONHECIMENTOS EM TEOLOGIA

DIALÓGICA

**EDITORA
intersaberes**

O selo DIALÓGICA da Editora InterSaberes faz referência às publicações que privilegiam uma linguagem na qual o autor dialoga com o leitor por meio de recursos textuais e visuais, o que torna o conteúdo muito mais dinâmico. São livros que criam um ambiente de interação com o leitor – seu universo cultural, social e de elaboração de conhecimentos –, possibilitando um real processo de interlocução para que a comunicação se efetive.

José Ribeiro Neto

Escatologia contemporânea

EDITORA intersaberes

Rua Clara Vendramin, 58 . Mossunguê
CEP 81200-170 . Curitiba . PR . Brasil
Fone: (41) 2106-4170
www.intersaberes.com
editora@editoraintersaberes.com.br

Conselho editorial
Dr. Ivo José Both (presidente)
Drª Elena Godoy
Dr. Neri dos Santos
Dr. Ulf Gregor Baranow

Editora-chefe
Lindsay Azambuja

Supervisora editorial
Ariadne Nunes Wenger

Analista editorial
Ariel Martins

Preparação de originais
Lumos Soluções Editoriais

Edição de texto
Arte e Texto Edição e Revisão de Textos
Letra & Língua Ltda.

Capa
Charles L. da Silva (*design*)
Fotolia (imagem de fundo)

Projeto gráfico
Charles L. da Silva

Diagramação
Estúdio Nótua

Equipe de *design*
Mayra Yoshizawa
Iná Trigo

Iconografia
Sandra Lopis da Silveira
Regina Claudia Cruz Prestes

Dados Internacionais de Catalogação na Publicação (CIP)
(Câmara Brasileira do Livro, SP, Brasil)

Ribeiro Neto, José
　Escatologia contemporânea/José Ribeiro Neto. Curitiba: InterSaberes, 2019. (Série Conhecimentos em Teologia)

　Bibliografia.
　ISBN 978-85-227-0130-8

　1. Bíblia – Teologia 2. Escatologia
　3. Escatologia – História das doutrinas I. Título.
　II. Série.

19-29025　　　　　　　　　　　　　　CDD-236

Índices para catálogo sistemático:
1. Escatologia: Teologia cristã   236
Cibele Maria Dias – Bibliotecária – CRB-8/9427

1ª edição, 2019.
Foi feito o depósito legal.

Informamos que é de inteira responsabilidade do autor a emissão de conceitos.

Nenhuma parte desta publicação poderá ser reproduzida por qualquer meio ou forma sem a prévia autorização da Editora InterSaberes.

A violação dos direitos autorais é crime estabelecido na Lei n. 9.610/1998 e punido pelo art. 184 do Código Penal.

sumário

7   *apresentação*

capítulo um
13   **Os princípios da discussão escatológica: do Antigo Testamento ao Novo Testamento**
15   1.1 Escatologia veterotestamentária
38   1.2 Visões escatológicas do período interbíblico
42   1.3 A escatologia neotestamentária e a intertextualidade com as fontes comuns das várias formas de judaísmo do primeiro século

capítulo dois
93   **O debate escatológico do período pós-apostólico à contemporaneidade**
96   2.1 Escatologia na era pós-apostólica e medieval
107 2.2 Escatologia da Reforma Protestante até a contemporaneidade

capítulo três
121 **Opções clássicas na escatologia cristã**
125 3.1 O milênio

capítulo quatro
143 **Outras opções clássicas na escatologia cristã**
145 4.1 Arrebatamento e tribulação

capítulo cinco
165 **Últimas opções clássicas na escatologia cristã**
167 5.1 Dispensacionalismo clássico e aliancionismo clássico

capítulo seis
179 **Escatologia na contemporaneidade**
181 6.1 As novas abordagens da escatologia
191 6.2 A tensão entre a escatologia clássica e as novas abordagens escatológicas

199 *considerações finais*
205 *lista de abreviaturas*
207 *glossário*
211 *referências*
219 *bibliografia comentada*
223 *apêndices*
247 *anexos*
253 *respostas*
257 *sobre o autor*

apresentação

A palavra *escatologia* é composta por duas palavras gregas: *eskatos* (ἔσχατος), que significa "último", "extremidade", "confins", e *logia* (λογία), ou seja, "estudo". Sendo assim, a *escatologia* é o "estudo das últimas coisas".

É estudada nos cursos de Teologia, geralmente dentro dos campos de estudo da teologia sistemática, a Escatologia é uma disciplina que procura selecionar os principais ensinos, ou doutrinas, e discutir como estes são desenvolvidos no texto bíblico, selecionando as passagens mais importantes das Escrituras a respeito desses ensinos.

Na maioria dos manuais de teologia sistemática, a escatologia ocupa as últimas páginas – e nem sempre trazendo uma abordagem significativa e objetiva da doutrina, muitas vezes destacando somente a posição escatológica adotada por aquele autor. Na própria Bíblia o livro mais escatológico – o Apocalipse – também é o último. Ainda a título de curiosidade, as doutrinas escatológicas não foram amplamente discutidas nos primeiros séculos, sendo mais amplamente debatidas na história da Igreja somente a partir dos séculos XIX e XX.

A Escatologia tornou-se, assim, uma disciplina de muitas opiniões e interpretações justamente por todos esses fatores de sua história. Além disso, por tratar de eventos futuros, sua complexidade é mais ampliada ainda. Quando tratamos de eventos passados, já existem muitas formas de interpretá-los, e os próprios historiadores divergem a respeito de alguns acontecimentos e de como eles realmente ocorreram. Não é de admirar, portanto, que, quando analisamos acontecimentos futuros, haja tantas divergências a respeito de como esses eventos ocorrerão. O aprendiz, contudo, **não deve desanimar diante do desafio; a disciplina de Escatologia é muito cativante** – talvez por essa mesma razão. As dificuldades e variedades de opinião fazem com que as pesquisas nessa área sejam sempre novas e atuais, esclarecendo elementos antes não conhecidos e que a própria história dá conta de explicar.

Esta obra tem caráter introdutório, de modo a situar o leitor **desde a formação da doutrina escatológica nos textos da Bíblia hebraica.** Isso já é feito no Capítulo 1, em que procuramos fazer uma análise seção a seção do Antigo Testamento (AT), destacando em cada um de seus livros os principais textos utilizados como base das discussões posteriores da doutrina. Segue-se, então, para as correntes escatológicas do chamado *período intertestamentário* ou *interbíblico*, em que se formaram visões escatológicas que funcionaram como pano de fundo sócio-cultural-teológico para os textos **neotestamentários.** Como veremos, foi nesse período que surgiram os principais textos e grupos dentro do judaísmo do primeiro século – época de Jesus e dos apóstolos. Passamos, então, para o texto do Novo Testamento (NT), no qual encontraremos a base fundamental para a escatologia cristã nas palavras de Jesus e dos apóstolos, em intertextualidade com as fontes dos vários tipos de judaísmo existentes no primeiro século.

No Capítulo 2, avançamos para a forma como os textos neotestamentários e veterotestamentários foram interpretados posteriormente na tradição cristã pós-apostólica e medieval. Toda essa gama de textos, tradições e interpretações formou o pensamento da Reforma Protestante e fundamentou as bases das discussões escatológicas posteriores até chegar à contemporaneidade. Nesse tópico, julgamos relevante, para a compreensão do pensamento **original dos autores bíblicos, colocar os textos nas línguas originais** (grego e hebraico) com uma tradução própria e destaques de expressões, quando necessário.

No Capítulo 3, saímos da análise histórica da doutrina para a análise de sua sedimentação nas opções escatológicas dentro dos temas principais que lhe são caros. Desse modo, tratamos das opções milenistas no debate cristão, consideradas opções clássicas da escatologia e necessárias à compreensão de seus posteriores desenvolvimentos e afastamentos.

Já no Capítulo 4, abordamos dois outros temas centrais na discussão escatológica: o arrebatamento e a tribulação. Na sequência, destacamos outras abordagens clássicas da escatologia cristã, as quais nos permitem entender a continuidade ou a descontinuidade entre os testamentos. O Capítulo 5, na sequência, trata dessas visões, conhecidas como *dispensacionalismo clássico* e *aliancionismo clássico*.

Por último, analisamos, no Capítulo 6, a doutrina escatológica na contemporaneidade, seus desenvolvimentos e seus alinhamentos com as opções clássicas, além de seu afastamento dessas opções em novas abordagens e a tensão presente no debate entre estas e as opções sedimentadas.

É importante salientar que não desenvolvemos, aqui, as questões que abrangem a chamada *escatologia individual* (Berkhof, 2012), como: morte física, estado intermediário, imortalidade da alma etc. Tratamos, sim, das doutrinas conhecidas como *escatologia geral*, que remetem especificamente às últimas coisas relativas ao fim dos tempos e à consumação de todas as coisas. Também é importante destacar que esta obra é direcionada a todo aprendiz de Teologia interessado nas doutrinas escatológicas e que o trabalho não é totalmente neutro, pois adota um viés protestante quanto ao cânon da Bíblia e tem como pano de fundo uma teologia confessional ortodoxa.

Esperamos que este material desencadeie seu interesse por essa doutrina tão importante para os estudos bíblicos e teológicos e tão atual, pois tanto nossa quanto as novas gerações sempre a discutirão, até que o Nosso Senhor e Salvador Jesus Cristo venha para estabelecer o Seu Reino Eterno e cumprir as profecias que foram ditas pelos profetas e apóstolos encarregados de nos revelar os eventos futuros.

Λέγει ὁ μαρτυρῶν ταῦτα, Ναί, ἔρχομαι ταχύ. Ἀμήν. Ναί, ἔρχου, κύριε Ἰησοῦ.

Diz aquele que testemunha estas coisas, sim, venho depressa. Amém. Sim, vem, Senhor Jesus. (Apocalipse, 22: 20).

capítulo um

Os princípios da discussão escatológica: do Antigo Testamento ao Novo Testamento

01

Neste capítulo, procuraremos mostrar os principais textos escatológicos da Bíblia Hebraica geradores de análises escatológicas e como esses textos formaram a base de pensamento sobre as últimas coisas na escatologia do Novo Testamento. O objetivo é familiarizar o leitor com as bases da Bíblia, que se constituem, por sua vez, o fundamento das discussões escatológicas dentro das várias tradições interpretativas do cristianismo. Para essa familiarização, procuraremos destacar os textos escatológicos em cada grande divisão da Bíblia Hebraica[1], livro a livro.

É importante, para o entendimento da escatologia cristã contemporânea, compreender a formação do pensamento escatológico em seu desenvolvimento histórico, desde o conjunto de livros da

---

1 Os termos *Bíblia Hebraica* (inclusive a seção aramaica da Bíblia) e *Antigo Testamento* foram usados neste trabalho de forma intercambiável.

Bíblia Hebraica, que os cristãos denominam *Antigo Testamento* (AT), até propriamente os escritos da tradição da Bíblia cristã, considerados em seu conjunto como *Novo Testamento* (NT).

Para a correta compreensão dessa disciplina, também é fundamental a compreensão do desenvolvimento da doutrina escatológica, que se reflete na teologia de revelação progressiva, ou seja, a doutrina escatológica, no campo teológico cristão, é entendida como um desenvolvimento do pensamento relativo às mais diferentes doutrinas teológicas – não do entendimento errado para o mais correto, mas de uma revelação menos clara até uma compreensão mais clara.

É perceptível, na revelação do AT, que as questões escatológicas foram-se desenvolvendo – desde pequenos vislumbres da doutrina nos livros mais antigos até uma ampla gama de textos mais desenvolvidos nos profetas maiores – para culminar, por fim, em uma aplicação desses entendimentos à revelação neotestamentária, que se apropria de tais textos, símbolos, figuras e sentidos para a nova realidade messiânica na pessoa de Jesus Cristo. Veremos, portanto, nos tópicos posteriores, como aconteceu esse desenvolvimento e essa apropriação.

1.1 Escatologia veterotestamentária

Do ponto de vista da interpretação das fontes judaico-cristãs, é possível encontrar textos escatológicos messiânicos já em

Gênesis, 3: 15[2]. Contudo, é perceptível, em alguns livros, um maior desenvolvimento do pensamento escatológico do que em outros.

Tanto para o judaísmo rabínico[3] quanto para as várias formas de cristianismo[4], a interpretação dos textos veterotestamentários passa, necessariamente, pela interpretação de um *corpus* de tradição[5]. Assim, ao estudar a escatologia da Bíblia Hebraica, inevitavelmente haverá influência desse *corpus* de tradição interpretativa[6].

Tentar entender os textos da Bíblia Hebraica sem se deixar influenciar por esse *corpus* de tradição já se provou ineficaz e desnecessário, pois nossa visão de mundo[7] interfere – de forma direta ou indireta – na compreensão dos textos bíblicos. Portanto, o leitor não deve se impressionar se alguns textos forem ditos *escatológicos* por uma corrente religiosa e interpretados de maneira diversa por outra. A leitura que faremos aqui é da perspectiva cristã, embora não deixe de encontrar intertextualidade com outras tradições interpretativas de fontes comuns[8].

---

2   Esse texto é utilizado na interpretação protestante como referência ao Messias (Cristo) como aquele que pisaria na cabeça da serpente (o diabo).
3   Denomina-se *judaísmo rabínico* ou *judaísmo formativo* a tradição desenvolvida pelos textos judaicos do século II ao século VIII, que constituem parte da tradição judaica contemporânea.
4   Há várias formas de cristianismo: catolicismo, protestantismo e igrejas ortodoxas (grega, síria, russa, etíope, copta).
5   Denomina-se *corpus de tradição* os textos fundadores de determinadas correntes religiosas que formam a base de seu pensamento e de suas doutrinas.
6   Para um estudo mais detalhado do conceito de *tradição interpretativa*, veja: Ribeiro Neto (2016, p. 101-155).
7   **Conceito conhecido na filosofia como** *cosmovisão*, que envolve tudo o que interfere em nossa formação: tradição, herança doutrinária, cultura etc.
8   Seguiremos a ordem canônica por questões didáticas e práticas. Sobre a divisão da **Bíblia Hebraica**, veja o Apêndice A desta obra. Sobre o cânon judeu-protestante, veja o Apêndice B.

1.1.1 Escatologia no Pentateuco

Os cinco primeiros livros da Bíblia recebem esse nome por influência da língua grega, na qual *pente* (πέντε) significa "cinco" e *teucos* (τεῦχος), "volumes", "rolos". Esses livros, os mais importantes para a tradição judaica[9], foram escritos por Moisés e compõem o que se chama de *Lei*. São, em suma, os textos fundadores das doutrinas bíblicas, bem como da doutrina escatológica.

Desde os primeiros momentos dos textos da Bíblia Hebraica, encontramos uma perspectiva escatológica que diz respeito à história de Israel como nação e ao desenvolvimento do plano de Deus para essa nação no desenrolar da história da salvação. As promessas de Deus para o nascimento e a formação desse povo iniciam-se com o chamado de Abraão e a promessa de multiplicar sua descendência de modo a abençoar todas as famílias da terra, conforme lemos em Gênesis, 12: 1[10]:

> *1 Ora, o Senhor disse a Abrão: Sai-te da tua terra, e da tua parentela, e da casa de teu pai, para a terra que eu te mostrarei. 2 E far-te-ei uma grande nação, e abençoar-te-ei, e engrandecerei o teu nome, e tu serás uma bênção. 3 E abençoarei os que te abençoarem e amaldiçoarei os que te amaldiçoarem; e em ti serão benditas todas as famílias da terra.*

Embora outros textos em **Gênesis** destaquem motivos escatológicos, esse texto pode ser considerado o elemento fundador da

---

9   Em hebraico, os cinco primeiros livros da Bíblia Hebraica são chamados de *Tôrāh* (תורה), mas também recebem o nome de *ḥamišāh ḥûmšêy Tôrāh* (חמשה חומשי תורה) – os *Cinco livros da Lei* –, ou, ainda, de *ḥûmaš* (חומש), que tem o mesmo sentido.

10 Todas as citações bíblicas foram retiradas da versão ARC (Almeida Revista e Corrigida) da Sociedade Bíblica do Brasil, edição 2009, exceto quando indicada outra versão.

perspectiva escatológica veterotestamentária, por ser mais claro quanto aos objetivos relacionados ao nascimento, ao desenvolvimento e aos propósitos abençoadores do povo de Israel para todas as nações. O povo de Israel é central nas discussões escatológicas desde o Pentateuco, passando pelos livros históricos, poéticos e proféticos, chegando ao NT e até mesmo às discussões escatológicas clássicas, que, como veremos, dividem-se quanto à forma de entender a maneira de Deus tratar o povo de Israel no desenrolar da história da salvação e no estabelecimento final do Reino de Deus.

Em **Êxodo**, o texto mais significativamente interpretado como escatológico-messiânico, principalmente pela tradição interpretativa do cristianismo, encontra-se no capítulo 12: 3-11, em que se apresenta o relato do cordeiro pascal. Segundo Groningen (1995, p. 205), "O relato sobre o cordeiro pascal em Êx 12: 3-11 é o ponto de partida para todas as outras referências a esse cordeiro".

Levítico, embora não tenha muitos textos considerados escatológicos, traz, em seu capítulo 16, uma interpretação messiânica pela tradição cristã como sacrifício substitutivo, conforme lemos:

> 6 Depois, Arão oferecerá o novilho da oferta pela expiação, que será para ele; e fará expiação por si e pela sua casa. 7 Também tomará ambos os bodes e os porá perante o Senhor, à porta da tenda da congregação. 8 E Arão lançará sortes sobre os dois bodes: uma sorte pelo Senhor e a outra sorte pelo bode emissário. 9 Então, Arão fará chegar o bode sobre o qual cair a sorte pelo Senhor e o oferecerá para expiação do pecado. 10 Mas o bode sobre que cair a sorte para ser bode emissário apresentar-se-á vivo perante o Senhor, para fazer expiação com ele, para enviá-lo ao deserto como bode emissário.

O autor de **Hebreus** discute o texto no capítulo 7: 27-28; 9: 7, mostrando a superioridade de Cristo em relação ao sacerdócio levítico.

Outro texto também importante para as discussões escatológicas, tanto cristãs quanto judaicas, é o conhecido texto de Números, 24: 17[11]: "Sairá um estrela[12] de Jacó e se levantará um cetro de Israel[13])."

Quando discutimos questões escatológicas, quer no Pentateuco, quer em quaisquer livros da Bíblia Hebraica, a **questão messiânica** é inevitável e central. Mesmo que o desenvolvimento do conceito e as diferentes abordagens possam discordar a respeito de quais textos são messiânicos ou não, a questão não deixa de ser elementar para a análise escatológica dos textos[14].

Com relação ao povo de Israel e às promessas escatológicas referentes à sua posição no plano de Deus, existem outros textos enigmáticos no Pentateuco, o primeiro está nas bênçãos feitas por Jacó a seus filhos em Gênesis, 49: 1-27, principalmente no verso 10: "O cetro não se arredará de Judá, nem o legislador dentre seus pés, até que venha Siló; e a ele se congregarão os povos". O segundo é a bênção dada por Moisés no final do Pentateuco, também relacionada ao futuro das 12 tribos de Israel, conforme Deuteronômio, 33: 6-29, em que o destaque principal está nos seguintes versos:

---

11   דָּרַךְ כּוֹכָב מִיַּעֲקֹב וְקָם שֵׁבֶט מִיִּשְׂרָאֵל

12   O texto foi interpretado pelo judaísmo rabínico do ponto de vista messiânico, tanto que, entre 132-136 d.C., o líder judeu Shimeon Bar Kôkba' (שמעון בר כוכבא), comandante da terceira revolta judaica contra Roma, foi aceito como Messias – "o filho da estrela", que em aramaico é *Bar Kôkba'* (בר כוכבא) – adicionando seu nome à palavra hebraica presente em Números, 24: 17.

13   Conforme explicitado na apresentação deste livro, todas as traduções das citações originalmente em grego e hebraico são de nossa autoria.

14   O elemento tipológico é amplamente usado pela interpretação cristã e judaica **no tratamento dos textos da Bíblia Hebraica, associando-os ao Messias.**

28 Israel, pois, habitará só e seguro, na terra da fonte de Jacó, na terra de cereal e de mosto; e os seus céus gotejarão orvalho. 29 Bem-aventurado és tu, ó Israel! Quem é como tu, um povo salvo pelo Senhor, o escudo do teu socorro e a espada da tua alteza? Pelo que os teus inimigos te serão sujeitos, e tu pisarás sobre as suas alturas.

Aqui, o foco está em Israel como um todo, seu estabelecimento na Terra e a vitória sobre seus inimigos – todos pontos centrais para as diferentes visões escatológicas que se desdobrarão tanto na tradição interpretativa messiânica rabínica quanto nas tradições cristãs.

Embora os desenvolvimentos escatológicos no Pentateuco sejam ainda incipientes e tenham um desenvolvimento simples, esses textos configuram a base para as interpretações posteriores da doutrina escatológica, sendo, portanto, elementares para o estudo da escatologia.

1.1.2 Escatologia nos livros históricos

Os 12 livros que vão desde Josué até Ester são considerados, pela tradição cristã protestante, como livros históricos por descreverem a história de Israel desde o estabelecimento na terra de Canaã, com Josué, até o período do cativeiro e o retorno com Esdras e Neemias, que escreveram narrativas históricas (presentes nos livros que levam o nome desses autores), assim como o relato de alguns que não voltaram à terra de Israel, mas permaneceram no Império Persa (presente no livro de Ester). Por se tratarem de muitos livros e de um período histórico muito longo, nosso foco se concentrará em alguns textos centrais para as discussões escatológicas.

As questões escatológicas nos livros históricos têm seu destaque principal no entendimento das profecias messiânicas, em especial às que estão relacionadas a Davi, à sua dinastia e às promessas de perpetuidade desse reino, culminando no estabelecimento do reino davídico em seu descendente prometido, o Messias. Contudo, há outro aspecto importante ao estudo da escatologia nos livros históricos, que diz respeito ao contexto histórico das profecias e dos profetas inseridos na cronologia presente nesses livros.

Devemos lembrar que as narrativas referentes aos profetas, de uma forma mais abrangente, surgiram justamente nos livros históricos[15], com relevante destaque para Samuel e sua liderança e, posteriormente, uma escola de profetas presente no ministério de Elias e Eliseu e, em sua continuidade, no ministério dos profetas da escrita – tanto os chamados *profetas maiores* quanto os denominados *profetas menores*.

Nas palavras de Angus (2004, p. 219):

Aquele que estuda as profecias precisa determinar a posição exata do profeta com relação (a) ao tempo em que viveu, e (b) às suas predições.

(a) O profeta era um mensageiro para seu tempo. As circunstâncias em que se achava a sua pátria, é que lhe proporcionavam as imagens dos seus discursos, e ele adaptava a sua mensagem às condições morais e físicas em que via o país ou que ele previa. Se ele descreve um bem imediato, o futuro é a realização do bem que ele descreve. Mesmo quando o futuro está muito distante, fica sempre ligado ao presente por frases ao alcance de todos e adaptadas às necessidades do tempo.

(b) Além disso, é preciso notar o ponto de vista do profeta em relação às suas próprias predições. Que o estudante se coloque o quanto possível ao lado do profeta e lance com ele os seus olhares sobre o passado

---

15 Veja o Apêndice A para os livros considerados proféticos no texto da Bíblia Hebraica.

e sobre o futuro. Deste modo terá uma compreensão mais forte e um esclarecimento mais vivo do assunto.

Para compreender Isaías, por exemplo, importa ler repetidas vezes os cap. 14 a 21 de 2 Rs, e os cap. 16 a 22 de 2 Cr. É preciso também observar os pontos de correspondência, e o centro de cada predição. No estudo dos últimos seis capítulos de Zacarias, considere, em primeiro lugar, se eles provieram daquele profeta, e se não, a que geração se devem atribuir.

Primeiramente, com Josué, a conquista da terra é central na história da salvação, de modo que, sem o estabelecimento na terra de Israel e sem essa conquista, todas as subsequentes profecias escatológicas não teriam sentido nos escritos posteriores nem mesmo na revelação escatológica neotestamentária.

Quanto à tipologia messiânica, Groningen (1995, p. 242-243) destaca a relevância dos fatores relacionados aos eventos do livro e de Josué e suas ações como "um símbolo no sentido de que Yahwéh operou por meio dele ao levar adiante seu programa do pacto"[16].

O livro de **Juízes** não tem tantos aspectos escatológicos senão os que se referem ao contexto geral do livro na preparação para a necessidade de um líder que organizasse a nação de Israel. O livro, é, portanto, um preâmbulo preparatório para o ambiente real de I e II Samuel e o reino davídico.

O conteúdo do livro de **Rute**, apesar de não ter um desenvolvimento escatológico notório, foi utilizado na tradição rabínica com uma interpretação relacionada ao banquete messiânico dos últimos dias. O fato de o casal Rute e Boaz ter gerado uma descendência

---

16 Veremos a doutrina do pacto mais adiante, no Capítulo 5, ao comentarmos sobre o aliancionismo.

que culmina em Davi também tem forte apelo escatológico nas tradições judaico-cristãs[17].

Os livros de **I e II Samuel** são muito importantes para a doutrina escatológica do AT, pois destacam Davi como o rei ideal do ponto de vista do cumprimento das promessas feitas à Abraão da conquista da terra e do estabelecimento de um reino eterno com a dinastia davídica. Acima dessa centralidade da dinastia davídica está a visão da soberania de Deus na história e no cumprimento de suas promessas, conforme explica Baldwin (1996, p. 40):

> *A soberania do Senhor é confirmada mediante Sua palavra tanto ao profeta quanto ao rei. O que vale não é a aspiração de Davi de construir uma casa para o Senhor, mas o que o Senhor ordena. Ao longo de todo o discurso de Natã a Davi, insiste-se na autoridade e na iniciativa do Senhor: "... mandei [aos juízes] apascentar o meu povo Israel" (v. 7); "Tomei-te da malhada, de detrás das ovelhas... E fui contigo, por onde quer que andaste, eliminei os teus inimigos diante de ti" (vv. 8, 9). Em sua soberania, o Senhor também anuncia o que fará no futuro: Ele é o Senhor Deus de Israel, enquanto o rei humano depende do Rei supremo a quem serve.*

I e II Reis e **I e II Crônicas** não se ocupam tanto com questões escatológicas, porém dão o arcabouço doutrinário para o estabelecimento da dinastia davídica como o modelo messiânico e de um reino eterno para essa dinastia na pessoa do Messias. Alguns textos deixam clara essa aliança eterna com Davi e seus descendentes, conforme podemos conferir nos textos a seguir:

> *25 Agora, pois, ó Senhor, Deus de Israel, faze a teu servo Davi, meu pai, o que lhe falaste, dizendo: Não te faltará sucessor diante de mim, que se assente no trono de Israel; somente que teus filhos guardem o seu*

---
17 Para um comentário detalhado do Midrash de Rute Rabá, ver Santala (2002).

caminho, para andarem diante de mim como tu andaste diante de mim. 26 Agora, também, ó Deus de Israel, cumpra-se a tua palavra que disseste a teu servo Davi, meu pai. (I Reis, 8: 25-26)

Porventura, não vos convém saber que o Senhor, Deus de Israel, deu para sempre a Davi a soberania sobre Israel, a ele e a seus filhos, por um concerto de sal? (II Crônicas, 13: 5)

1 Porém, no sétimo ano, Joiada se esforçou e tomou consigo em aliança os chefes das centenas: Azarias, filho de Jeroão, e Ismael, filho de Joanã, e Azarias, filho de Obede, e Maaseias, filho de Adaías, e Elisafate, filho de Zicri. 2 Estes rodearam Judá, e ajuntaram os levitas de todas as cidades de Judá e os cabeças dos pais de Israel, e vieram para Jerusalém. 3 E toda aquela congregação fez aliança com o rei na Casa de Deus; e Joiada lhes disse: Eis que o filho do rei reinará, como o Senhor falou a respeito dos filhos de Davi. (II Crônicas, 23: 1-3)

Esdras-Neemias também não tem grandes ensinos escatológicos, mas forma a base fundamental da restauração da nação de Israel em sua terra prometida e, assim, possibilita a esperança do cumprimento das profecias no plano redentor de Deus.

Já **Ester** é um livro que conta a história dos judeus que não retornaram para Jerusalém com Esdras e Neemias e sua luta para sobreviver à perseguição. Não contém doutrinas escatológicas, mas serve de tipologia para a constante perseguição que o povo de Israel sofreu e sofre na história até a vitória prometida por Deus nos últimos dias, quando se livrará dessa opressão.

1.1.3 Escatologia nos livros poéticos

Em **Jó**, há uma história sobre o sofrimento de um justo e os dilemas éticos, morais e teológicos referentes a esse sofrimento. O livro não é propriamente escatológico, mas existe uma passagem usada como base do pensamento escatológico de redenção (Jó, 19: 25-27[18, 19]):

> 25 Eu sei, meu redentor (go'ălî) vive e por último se levantará do pó.
>
> 26 E depois de essa minha pele e de minha carne se destruir, terei a visão de Deus.
>
> 27 Que eu terei a visão dele para mim, e meus olhos verão e não estranhos, se consomem os meus rins no profundo de meu interior.

Uma grande parte dos **Salmos** é citada no NT em uma interpretação messiânica, e outra parte demonstra uma teologia das últimas coisas que foi assimilada pelos apóstolos e pela Igreja Cristã dos primeiros séculos. Embora não haja um desenvolvimento escatológico da doutrina, alusões ao mundo vindouro e ao reino milenar foram interpretadas pelo judaísmo formativo, e também pelo cristianismo, como sendo escatológicas.

Muitos são os salmos associados à doutrina messiânica, embora os relacionados ao fim dos tempos sejam mais debatidos. O Salmo 2, contudo, é associado às duas questões, conforme podemos ler:

> 1 Por que se amotinam as nações, e os povos imaginam coisas vãs? 2 Os reis da terra se levantam, e os príncipes juntos se mancomunam contra o Senhor e contra o seu ungido, dizendo: 3 Rompamos as suas ataduras e sacudamos de nós as suas cordas. 4 Aquele que habita nos céus se rirá; o Senhor zombará deles. 5 Então, lhes falará na sua ira e no seu

---

18 Todos os textos em hebraico citados nesse trabalho foram extraídos de *The Lexham Hebrew Bible* (2012).

19 וַאֲנִי יָדַעְתִּי גֹּאֲלִי חָי וְאַחֲרוֹן עַל־עָפָר יָקוּם׃
וְאַחַר עוֹרִי נִקְּפוּ־זֹאת וּמִבְּשָׂרִי אֶחֱזֶה אֱלוֹהַּ׃
אֲשֶׁר אֲנִי אֶחֱזֶה־לִּי וְעֵינַי רָאוּ וְלֹא־זָר כָּלוּ כִלְיֹתַי בְּחֵקִי׃

furor os confundirá. 6 Eu, porém, ungi o meu Rei sobre o meu santo monte Sião. 7 Recitarei o decreto: O Senhor me disse: Tu és meu Filho; eu hoje te gerei. 8 Pede-me, e eu te darei as nações por herança e os confins da terra por tua possessão. 9 Tu os esmigalharás com uma vara de ferro; tu os despedaçarás como a um vaso de oleiro. 10 Agora, pois, ó reis, sede prudentes; deixai-vos instruir, juízes da terra. 11 Servi ao Senhor com temor e alegrai-vos com tremor. 12 Beijai o Filho, para que se não ire, e pereçais no caminho, quando em breve se inflamar a sua ira. Bem-aventurados todos aqueles que nele confiam.

Como poderemos verificar posteriormente, esse salmo está associado à opressão que a Igreja Cristã sofreu em seus primeiros dias das autoridades judaicas, mas apresenta elementos messiânicos e escatológicos que indicam um estabelecimento final do Reino de Deus e do reinado do seu ungido, bem como um julgamento das nações com justiça e grande ira.

O livro de **Provérbios** contém uma série de máximas didáticas ou aforismos[20] que procura doutrinar os leitores para que pratiquem esses ensinos na vida cotidiana. Também não apresenta grandes ensinamentos escatológicos, mas, na passagem de Provérbios 8, a sabedoria é personificada e tipificada na interpretação cristã como se referindo ao Messias, o Cristo.

Eclesiastes é o livro menos escatológico da Bíblia, por tratar da vida "debaixo do sol", ou seja, a vida aqui, sem detalhes sobre a vida no pós-morte. Em Eclesiastes, 12: 7[21] há, contudo, uma referência ao espírito voltando a Deus: "E volte o pó à terra, como o era, e o espírito volte a Deus, que o deu". **Cantares** também não traz ensinamentos escatológicos, exceto pelas interpretações messiânicas

---

20 *Aforismo* é uma definição breve, um ditado, uma sentença.

21 וְיָשֹׁב הֶעָפָר עַל־הָאָרֶץ כְּשֶׁהָיָה וְהָרוּחַ תָּשׁוּב אֶל־הָאֱלֹהִים אֲשֶׁר נְתָנָהּ׃

no cristianismo – Cristo como o noivo e a Igreja como noiva – e tipológicas no judaísmo rabínico – com referências ao noivo como Deus e à noiva como Israel.

1.1.4 Escatologia nos profetas maiores

Os livros proféticos estão permeados de doutrina escatológica. Grande parte da mensagem profética é escatológica, anunciando a vinda do Reino de Deus, sua justiça, a ira sobre as nações e a vinda de seu ungido. Embora haja essa multiplicidade de doutrina sobre as últimas coisas nos profetas, nem sempre é fácil entender sobre o que eles falam, visto que uma longa história de tradição interpretativa nas várias formas de judaísmo e uma vasta quantidade de interpretações no próprio seio da Igreja Cristã em suas diversas confissões acabam por interferir na leitura de muitos textos, conforme a ótica de determinada confissão. Mas, mesmo levando em conta todos esses fatores, podemos tentar entender os textos e suas interpretações escatológicas.

Um dos temas em destaque na mensagem dos profetas é o **Dia do Senhor**, conforme podemos perceber no comentário de Oswalt (2011, p. 164):

> *O dia do Senhor é um tema proeminente nos profetas (13.6; Am 5.18,20; Jl 1.15; 2.1,11,21; Sf 1.7,14; Zc 14.1; Ml 3.23 [Ing. 4.5]). Tudo indica que a frase teria sido usada popularmente para denotar um tempo quando Deus vingaria seu povo e abençoaria seus esforços. Mas a palavra do profeta era que o dia do Senhor seria um tempo de destruição e terror, e só depois desse tempo é que a bênção poderia vir (Am 8.11; Is 11.10; 12.1; Zc 14.1; Ml 3.23 [Ing. 4.5]). Era preciso desenganar os israelitas da ideia de que, só porque eram chamados pelo nome de Deus, mereciam*

seu favor. Seguramente, a bênção resultou da eleição, mas só se essa eleição fosse confirmada no viver humilde e justo.

A visão desse dia como juízo e esperança formou as bases para muitos desenvolvimentos escatológicos posteriores na mensagem dos profetas e dos grupos que os sucederam. Para uma visão panorâmica, vejamos as questões principais da escatologia dos profetas maiores livro a livro.

Isaías é considerado o profeta mais promissor para os estudos escatológicos. Seu próprio nome (יְשַׁעְיָהוּ = *Yeša'yāhû* = Salvação do SENHOR) e sua mensagem se assemelham muito à mensagem neotestamentária de salvação e vinda do Reino de Deus. Entre as muitas passagens escatológicas, logo no início de seus livros (Isaías, 2: 1-2), há a descrição feita pelo profeta a respeito do enfoque da Palavra do Senhor que veio a ele: "Palavra que Isaías filho de Amoz teve em visão sobre Judá e Jerusalém. E acontecerá nos últimos dias: Será estabelecido o monte da casa do SENHOR, no cume dos montes e se elevará dos outeiros e fluirão para ele todos os povos"[22].

A expressão mais significativa nesse texto é: בְּאַחֲרִית הַיָּמִים (*bə'aḥărît hayyāmîm*), traduzida na versão grega por ἐν ταῖς ἐσχάταις ἡμέραις (Isaías, 2: 2)[23] (*en tais eschatais hēmerais*), ou seja, "nos últimos dias", sendo *últimos* aqui traduzido da palavra *eschatais*, da mesma raiz que tiramos nosso termo *escatologia* (últimas coisas). O profeta, portanto, teria a missão de anunciar a doutrina dos últimos dias, o que faz em todo o seu livro, referindo-se ao que Deus fará

---

22 הַדָּבָר אֲשֶׁר חָזָה יְשַׁעְיָהוּ בֶּן־אָמוֹץ עַל־יְהוּדָה וִירוּשָׁלָם:
וְהָיָה בְּאַחֲרִית הַיָּמִים נָכוֹן יִהְיֶה הַר בֵּית־יְהוָה בְּרֹאשׁ הֶהָרִים וְנִשָּׂא
מִגְּבָעוֹת וְנָהֲרוּ אֵלָיו כָּל־הַגּוֹיִם:

23 Texto grego extraído de Brenton (1851).

com Israel e também com as outras nações até o estabelecimento de seu reino eterno por meio de seu ungido: o Messias, o Cristo.

A cidade de Jerusalém tem no livro de Isaías forte apelo escatológico como palco do estabelecimento do reino de Deus, da restauração de Israel e do reinado messiânico. A cidade, segundo o profeta, será o cenário do triunfo de Israel, de seu retorno e de sua glorificação entre as nações, conforme Isaías, 27: 12-13:

> 12 E será, naquele dia, que o SENHOR padejará o seu fruto desde as correntes do rio até o rio do Egito; e vós, ó filhos de Israel, sereis colhidos um a um. 13 E será, naquele dia, que se tocará uma grande trombeta, e os que andavam perdidos pela terra da Assíria e os que foram desterrados para a terra do Egito tornarão a vir e adorarão ao SENHOR no monte santo, em Jerusalém.

Jeremias também é um profeta que muito contribuiu para a doutrina das últimas coisas. Suas profecias são usadas até mesmo por Daniel se referindo ao plano escatológico de Deus, que tem Israel como povo central nos eventos mundiais. Ainda há, no livro, profecias que foram entendidas como messiânicas, anunciando a vinda de um redentor/libertador para o povo de Israel, como em Jeremias, 23: 5: "Eis que dias vêm diz o SENHOR farei com que se estabeleça para **Davi um ramo justo** e reinará um rei e agirá com sabedoria, e fará juízo e justiça na terra[24]" [grifo nosso].

Em **Lamentações de Jeremias**, não há tanto uma escatologia, mas um desejo de restauração da glória de Jerusalém, que o profeta agora vislumbra destruída por um povo pagão em razão de seus pecados, embora continue clamando ao Senhor para que restaure

---

24 הִנֵּה יָמִים בָּאִים נְאֻם־יְהוָה וַהֲקִמֹתִי לְדָוִד **צֶמַח צַדִּיק** וּמָלַךְ מֶלֶךְ וְהִשְׂכִּיל וְעָשָׂה מִשְׁפָּט וּצְדָקָה בָּאָרֶץ׃

a cidade: "Faz-nos voltar, SENHOR, para ti e voltaremos, renova os nossos dias como antes"²⁵.

Ezequiel é um profeta com muitos ensinos escatológicos, tanto dos eventos que lhe são próximos quanto dos eventos dos fins dos dias. Suas profecias a respeito do fim dos dias e da restauração do templo são as mais enigmáticas e as que têm causado as maiores polêmicas no âmbito das posições escatológicas. Sobre a influência do livro na escatologia posterior, Block (2012, p. 65-66) esclarece:

> *Pode-se reconhecer a influência literária nos escritos apocalípticos de Daniel e Zacarias, e talvez também na data precisa dos oráculos em Zacarias e em Ageu. Somente alguns textos apócrifos e pseudoepígrafes mencionam Ezequiel. Em seu "Rol da Fama" em honra aos notáveis da tradição israelita, Ben Sirach comenta: "Foi Ezequiel quem teve a visão da glória, a qual Deus lhe mostrou sobre a carruagem e os querubins" (49.8, NRSV). Em 4 Macabeus 18.17, um documento do século 1º d.C., uma mulher enaltece seu falecido marido como alguém que "afirmava a palavra de Ezequiel, 'Estes ossos viverão?'" Josefo observa (Ant. 10.5.1) que Ezequiel foi o primeiro a escrever (suas profecias?), e que ele deixou dois livros. A menos que os capítulos 40-48 representem o segundo (que parece ser algo difícil), ele parece ter tido em mente "o Apócrifo de Ezequiel". Embora existente em somente quatro fragmentos, graças aos escritores cristãos, este documento judeu do século 1º d.C. é especialmente significativo por sua eloquente apresentação da doutrina da ressurreição.*
>
> *Apesar da fraqueza da testemunha textual de Ezequiel nos documentos de Qumram, a influência sobre esta comunidade foi profunda. Isto é muito óbvio nos planos para o templo expostos no "Rolo do Templo"; nas*

---

25 שִׁיבֵנוּ יְהוָה ׀ אֵלֶיךָ וְנָשׁוּבָה חַדֵּשׁ יָמֵינוּ כְּקֶדֶם׃

afirmações zadoquitas quanto ao sacerdócio, defendido no Documento de Damasco (CD [ms. A] 3:18-4:4); na referência da marca na testa daqueles que seriam salvos na era messiânica (CD [ms. B] 19.11-14); e no merkabâ (trono-carruagem celestial), tema nos cânticos do sábado. No entanto, sua marca é sentida em outros aspectos mais gerais da espiritualidade de Qumran: a concepção da deidade, sua polêmica contra seu povo, o remanescente, a comunidade da fé, e a visão do futuro.

Daniel é uma personagem central na discussão escatológica, principalmente por sua profecia a respeito das setenta semanas, com diversas interpretações entre as mais variadas correntes do protestantismo e uma visão de cumprimento histórico dessas semanas com o decreto de Ciro na interpretação rabínica. O entendimento das figuras de Daniel é de grande importância na compreensão da simbologia e na interpretação do Apocalipse. "Setenta semanas decretadas sobre o teu povo, e sobre a tua cidade santa, para pôr fim à transgressão, e para selar o pecado, e para expiar a iniquidade, e para fazer chegar o justo para sempre e para selar a visão e a profecia e para ungir o santo dos santos"[26] (Daniel, 9: 24).

1.1.5 Escatologia nos profetas menores

Os *profetas menores* são assim denominados em razão da quantidade de texto escrito que têm – apenas breves profecias sobre os mais variados temas. Eles apresentam, contudo, forte apelo escatológico, principalmente os do último período, o que demonstra um desenvolvimento bem marcante das doutrinas escatológicas na

---

26 שָׁבֻעִים שִׁבְעִים נֶחְתַּךְ עַל־עַמְּךָ וְעַל־עִיר קָדְשֶׁךָ לְכַלֵּא הַפֶּשַׁע וּלְהָתֵם
חַטָּאת וּלְכַפֵּר עָוֹן וּלְהָבִיא צֶדֶק
עֹלָמִים וְלַחְתֹּם חָזוֹן וְנָבִיא וְלִמְשֹׁחַ קֹדֶשׁ קָדָשִׁים׃

época pós-cativeiro babilônico (embora mesmo os que profetizaram antes do cativeiro também tenham destacado temas escatológicos). No geral, os profetas têm uma mensagem inicial de repreensão ao povo de Israel e de Judá e uma mensagem final de esperança e restauração nos últimos dias.

O livro de **Oseias** situa-se no século VIII a.C. e tem uma escatologia contextualizada nesse período. Seu cumprimento profético, portanto, está centralizado nos eventos relativos à Assíria. Segundo Silva (1998, p. 63, grifo do original):

> *Contemporâneo de Amós, parece que Oseias atuou durante os últimos dias de Jeroboão II e durante o governo dos 6 reis que o sucederam. Ao que tudo indica, Oseias não viu a queda de Samaria em 722 a.C., pois não faz qualquer menção ao grande desastre. Portanto, podemos supor que* **atuou em Samaria de 755 a 725 a.C.**, *mais ou menos, trinta anos de atividade profética.*

O profeta, contudo, também vislumbra uma restauração escatológica no final de seu livro, conforme lemos em Oseias, 14: 5 (14: 6 em hebraico): "Eu serei como orvalho para Israel, florescerá como o lírio, espalhará suas raízes como o Líbano[27]."

Já no livro do profeta **Joel**, há um conteúdo escatológico mais abrangente. Ele profetiza de uma maneira tão ampla que abrange sua época, o período da Igreja Primitiva e os tempos do fim. Suas profecias foram interpretadas e reinterpretadas em diversos momentos, tanto no meio judaico quanto no cristão, como condizentes com vários períodos da história da salvação. O texto mais conhecido sobre o grande e terrível Dia do Senhor é descrito pelo profeta em Joel, 2: 28-30 (3: 1-3 em hebraico):

---

27 אֶהְיֶה כַטַּל לְיִשְׂרָאֵל יִפְרַח כַּשּׁוֹשַׁנָּה וְיַךְ שָׁרָשָׁיו כַּלְּבָנוֹן׃

E será depois disso: derramarei abundantemente o meu Espírito sobre toda a carne e profetizarão os vossos filhos e as vossas filhas, vossos velhos sonharão sonhos, vossos moços verão visões. Também sobre os servos e sobre as servas, naqueles dias derramarei abundantemente o meu Espírito. E colocarei sinais nos céus e na terra, sangue e fogo e coluna de nuvem.[28]

Esse é o texto escatológico usado pela Igreja Primitiva no momento da descida do Espírito Santo em Pentecostes e em outros tantos períodos da Igreja Cristã. Segundo as visões escatológicas mais alinhadas ao pentecostalismo, parte dessa profecia cumpriu-se no Pentecoste e parte se cumprirá antes do arrebatamento, em um último avivamento que antecederá a vinda de Jesus.

Emborase trate de uma profecia de cumprimento próximo para Israel, **Amós** fala do Dia do Senhor como um dia de trevas (Amós, 5: 18-20; 8: 5), um dia de juízo para Israel e todas as nações (Amós, 8: 5). Porém, como todo profeta de Deus, ele profetiza também uma restauração para a casa de Israel e o trono de Davi:

11 Naquele dia levantarei uma tenda a Davi, a que está caída, e fecharei as suas aberturas, e suas ruínas levantarei, e a edificarei como nos dias eternos.

12 Para que tenham como herança o remanescente de Edom, e todas as nações que se chamam pelo meu nome sobre eles, diz o SENHOR que faz estas coisas.

---

28 יַחֲלֹמוּן חֲלֹמוֹת זִקְנֵיכֶם וּבְנוֹתֵיכֶם בְּנֵיכֶם וְנִבְּאוּ עַל־כָּל־בָּשָׂר אֶת־רוּחִי
אֶשְׁפּוֹךְ אַחֲרֵי־כֵן וְהָיָה יִרְאוּ: חֶזְיֹנוֹת בַּחוּרֵיכֶם
אֶת־רוּחִי: אֶשְׁפּוֹךְ הֵמָּה בַּיָּמִים וְעַל־הַשְּׁפָחוֹת עַל־הָעֲבָדִים וְגַם
עָשָׁן: וְתִימֲרוֹת וָאֵשׁ דָּם וּבָאָרֶץ בַּשָּׁמַיִם מוֹפְתִים וְנָתַתִּי

13 Eis que dias vêm, diz o SENHOR, se aproximará aquele que ara do que o que ceifa, e o que pisa uvas com o que lança sementes, e os montes farão com que se destilem vinho doce, e todos os montes se derreterão.

14 E farei retornar a sorte do meu povo Israel, e edificarão as cidades assoladas, habitarão e plantarão vinhas, e beberão os seus vinhos, e farão jardins e comerão os seus frutos.

15 E os plantarei sobre suas terras, e não serão mais arrancados de suas terras, que dei a eles, diz o SENHOR teu Deus.[29] (Amós, 9: 11-15)

O livro do profeta **Obadias** é o mais curto de todo o AT. Sua profecia é contra Edom, mas seu alcance envolve todas as nações (vers. 15). Novamente, trata do tema do Dia do Senhor e da restauração do povo de Israel em sua terra (vers. 17-21): "E no monte Sião haverá livramento e será Santo, e herdarão a casa de Jacó as suas heranças[30]".

Jonas, por sua vez, traz uma profecia específica para o arrependimento do povo da cidade de Nínive e, portanto, não se trata uma mensagem escatológica para o futuro. Porém, Jesus utiliza o

---

29 בַּיּוֹם הַהוּא אָקִים אֶת־סֻכַּת דָּוִיד הַנֹּפֶלֶת וְגָדַרְתִּי אֶת־פִּרְצֵיהֶן וַהֲרִסֹתָיו אָקִים וּבְנִיתִיהָ כִּימֵי עוֹלָם:
לְמַעַן יִירְשׁוּ אֶת־שְׁאֵרִית אֱדוֹם וְכָל־הַגּוֹיִם אֲשֶׁר־נִקְרָא שְׁמִי עֲלֵיהֶם נְאֻם־יְהוָה עֹשֶׂה זֹּאת: פ
הִנֵּה יָמִים בָּאִים נְאֻם־יְהוָה וְנִגַּשׁ חוֹרֵשׁ בַּקֹּצֵר וְדֹרֵךְ עֲנָבִים בְּמֹשֵׁךְ הַזָּרַע וְהִטִּיפוּ הֶהָרִים עָסִיס וְכָל־הַגְּבָעוֹת תִּתְמוֹגַגְנָה:
וְשַׁבְתִּי אֶת־שְׁבוּת עַמִּי יִשְׂרָאֵל וּבָנוּ עָרִים נְשַׁמּוֹת וְיָשָׁבוּ וְנָטְעוּ כְרָמִים וְשָׁתוּ אֶת־יֵינָם וְעָשׂוּ גַנּוֹת וְאָכְלוּ אֶת־פְּרִיהֶם:
וּנְטַעְתִּים עַל־אַדְמָתָם וְלֹא יִנָּתְשׁוּ עוֹד מֵעַל אַדְמָתָם אֲשֶׁר נָתַתִּי לָהֶם אָמַר יְהוָה אֱלֹהֶיךָ:

30 וּבְהַר צִיּוֹן תִּהְיֶה פְלֵיטָה וְהָיָה קֹדֶשׁ וְיָרְשׁוּ בֵּית יַעֲקֹב אֵת מוֹרָשֵׁיהֶם:

exemplo da conversão dos ninivitas para falar sobre o Juízo Final (Mt 12.41).

Miqueias traz tanto uma profecia local quanto uma mensagem para os últimos dias. O termo é usado em Miqueias 4.1: "E será nos últimos dias que será o monte da Casa do SENHOR estabelecido no cume dos montes e se elevará ele dos outeiros e fluirão sobre ele os povos[31]". É conhecida a profecia de Miqueias sobre o nascimento do Messias, a qual, segundo Mateus, cumpriu-se no nascimento de Jesus e foi discutida pelos sábios na época de Herodes (73-4 a.C.). A profecia sobre esse nascimento está em Miqueias 5.2: "E tu, Belém Efrata, pequena para estar entre milhares de Judá, de ti para mim sairá para ser rei em Israel, e as suas origens são desde a antiguidade, desde os dias eternos[32]".

Naum, assim como Jonas, profetiza contra Nínive. Diferentemente do arrependimento que houve em Nínive, no entanto, a profecia de Naum é de juízo iminente. Trata-se de uma profecia de cumprimento escatológico para a época[33], não apresentando, desse modo, referências para uma doutrina escatológica fora de seu tempo.

A profecia de **Habacuque** também tem caráter iminente. Seu cumprimento concretizou-se no período de domínio do império neobabilônico. O profeta anunciou a invasão dos caldeus (Habacuque, 1: 6) sobre Judá. Há, porém, um texto que traz um paralelo escatológico messiânico dos últimos dias, em Habacuque, 2: 14: "Pois se encherá a terra do conhecimento e da glória do SENHOR

---

31 וְהָיָה בְּאַחֲרִית הַיָּמִים יִהְיֶה הַר בֵּית־יְהוָה נָכוֹן בְּרֹאשׁ הֶהָרִים וְנִשָּׂא הוּא מִגְּבָעוֹת וְנָהֲרוּ עָלָיו עַמִּים

32 וְאַתָּה בֵּית־לֶחֶם אֶפְרָתָה צָעִיר לִהְיוֹת בְּאַלְפֵי יְהוּדָה מִמְּךָ לִי יֵצֵא לִהְיוֹת מוֹשֵׁל בְּיִשְׂרָאֵל וּמוֹצָאֹתָיו מִקֶּדֶם מִימֵי עוֹלָם

33 A queda de Nínive ocorreu em 612 a.C.

como as águas cobrem a terra³⁴". Esse texto tem um paralelo com Isaías, 11: 9, que anuncia os dias messiânicos de paz e conhecimento de Deus.

A profecia de **Sofonias** traz um enfoque pesado sobre o juízo de Deus sobre Israel e todas as nações. Não há meias palavras nem eufemismo no texto do profeta, mas, embora a verdade sobre a ira de Deus seja dita de forma nua e crua, um belo cântico de restauração é entoado em Sofonias, 3: 14-20. Um remanescente de Israel também é mencionado em 3: 13, com fortes relações escatológicas com Apocalipse, 14: 5. "Naquele dia, se dirá a Jerusalém: Não temas, Sião, que não relaxem tuas mãos. O SENHOR teu Deus está no meio de ti, poderoso, que traz salvação, se regozijará sobre ti com alegria, fará silenciar por seu amor, gritará de alegria sobre ti com grito de júbilo"³⁵ (Sofonias, 3: 16-17).

Ageu tem uma profecia bem contextualizada com relação ao período do retorno do cativeiro babilônico (535 a.C.) e aos eventos que sucedem o retorno, como a restauração do templo e o governo de Zorobabel sobre Jerusalém e o templo restaurado (516 a.C.).

Zacarias é um dos profetas mais escatológicos do AT; suas imagens são amplamente aludidas em Apocalipse e reinterpretadas em novas perspectivas escatológicas. Em Zacarias, retoma-se, também, a figura do Renovo (Jeremias, 23: 5; 33: 15; Zacarias, 3: 8; 6: 12): "Ouve, te peço, oh Josué, sumo-sacerdote, tu e teus companheiros que se assentam diante de ti, pois homens maravilhosos eles são,

....

34 כִּי־תִמָּלֵא הָאָרֶץ לָדַעַת אֶת־כְּבוֹד יְהוָה כַּמַּיִם יְכַסּוּ עַל־יָם

35 בַּיּוֹם הַהוּא יֵאָמֵר לִירוּשָׁלִַם אַל־תִּירָאִי צִיּוֹן אַל־יִרְפּוּ יָדָיִךְ׃
יְהוָה אֱלֹהַיִךְ בְּקִרְבֵּךְ גִּבּוֹר יוֹשִׁיעַ יָשִׂישׂ עָלַיִךְ בְּשִׂמְחָה יַחֲרִישׁ בְּאַהֲבָתוֹ יָגִיל עָלַיִךְ בְּרִנָּה׃

pois eis que faço vir meu servo, o **renovo**"³⁶ (Zacarias, 3: 8, grifo nosso). Uma leitura cruzada desse profeta com os textos escatológicos do NT mostra o quanto sua profecia influenciou o pensamento dos apóstolos. Uma forte ênfase à restauração de Jerusalém também está bem presente na mensagem do profeta, principalmente nos capítulos 12 e 13.

Malaquias traz uma advertência contra o estado deplorável do sacerdócio em sua época, em contraste com a santidade e a seriedade do sacerdócio levítico. Fala também de um dia que arde como fogo (Malaquias, 4: 1). Porém, o texto escatológico mais significativo é a profecia da vinda de Elias, de "antes que venha o dia grande e terrível do SENHOR" (Malaquias, 4: 5), texto que é interpretado por Jesus como se referindo a João, o Batista, o precursor do Messias, o Cristo (Mateus, 11: 14). Sobre o terrível Dia do Senhor, nos diz o profeta (no hebraico, 3: 19): "Pois o dia vem, arde como forno, e serão todos os soberbos e todos os que praticam maldade, palha, e os queimarei, o dia vem diz o SENHOR dos Exércitos, que não deixará raiz e ramo"³⁷.

Toda essa fundamentação escatológica do AT, desde o Pentateuco até os profetas menores, fornece a base para entendermos os períodos posteriores de desenvolvimento da doutrina, que, no transcorrer da história, acrescentou novos elementos de tradição interpretativa, mas tendo como pano de fundo os textos escatológicos da Bíblia Hebraica.

---

36 שְׁמַע־נָא יְהוֹשֻׁעַ הַכֹּהֵן הַגָּדוֹל אַתָּה וְרֵעֶיךָ הַיֹּשְׁבִים לְפָנֶיךָ כִּי־אַנְשֵׁי מוֹפֵת הֵמָּה כִּי־הִנְנִי מֵבִיא אֶת־עַבְדִּי **צֶמַח**:

37 כִּי־הִנֵּה הַיּוֹם בָּא בֹּעֵר כַּתַּנּוּר וְהָיוּ כָל־זֵדִים וְכָל־עֹשֵׂה רִשְׁעָה קַשׁ וְלִהַט אֹתָם הַיּוֹם הַבָּא אָמַר יְהוָה צְבָאוֹת אֲשֶׁר לֹא־יַעֲזֹב לָהֶם שֹׁרֶשׁ וְעָנָף:

1.2 Visões escatológicas do período interbíblico

Segundo Tognini (2009, p. 13):

> *Etimologicamente "interbíblico" quer dizer "entre a Bíblia", ou melhor, "entre os dois Testamentos", isto é, entre o Antigo e o Novo Testamento. Daí também decorre a designação "Intertestamentário".*
>
> *O Período Interbíblico tem início com a interrupção da atividade profética entre o povo de Deus. Malaquias foi o último profeta a transmitir as palavras do Senhor até o começo do ministério de João Batista. O ministério de Malaquias pode ser datado entre 470 a.C. a 433 a.C. O seu livro foi escrito em alguma data desse período.*

O reconhecimento de que o período é de **silêncio profético** é encontrado nos próprios textos produzidos no período, conforme podemos inferir da leitura dos livros dos Macabeus:

> *Puseram-se, então, a discutir a respeito do altar dos holocaustos que fora profanado, e tiveram a ideia de destruí-lo. Assim não ficaram envergonhados pelo fato de os pagãos o terem profanado. Demoliram o altar, e puseram as pedras no monte do Templo, num lugar conveniente, até que aparecesse um profeta e resolvesse o caso.* (Bíblia. I Macabeus, 1990, 4: 44-46)

> *Israel caiu numa tribulação tão grande, como nunca tinha havido, desde que os profetas desapareceram.* (Bíblia. I Macabeus, 1990, 9: 27)

> *Os sacerdotes e os judeus resolveram, portanto, considerar Simão como governante e como sumo sacerdote para sempre, até que surgisse um profeta legítimo.* (Bíblia. I Macabeus, 1990, 14: 41)

Embora considerado um período de silêncio profético, muitos textos extrabíblicos foram produzidos nesse período. Esses livros são uma tentativa de tentar continuar a religião judaica, interpretando e produzindo novas tradições, formando as várias correntes de pensamento presentes ao abrirmos as páginas do NT.

O conhecido grupo chamado de *fariseus*[38] despontou nesse período e desenvolveu doutrinas importantes para o pensamento escatológico do período. Entre as principais doutrinas dos fariseus, Tognini (2009, p. 155) apresenta as seguintes:

1. *Livre-arbítrio do homem, assim criado por Deus.*
2. *A alma é imortal. Após a existência terrena, continua vivendo e nunca morre.*
3. *A ressurreição do corpo (At 23.8).*
4. *A existência de anjos (At 23.8).*
5. *Todas as coisas são dirigidas pela providência divina.*
6. *No mundo além, os justos serão recompensados e os maus castigados.*
7. *Os maus serão presos em cadeias eternas, enquanto os justos desfrutarão a vida eterna.*
8. *Além da alma humana, existem outros espíritos: bons e maus.*

Essas doutrinas, pouco desenvolvidas na Bíblia Hebraica, foram exploradas pelos fariseus e por outros grupos surgidos no período intertestamentário. Às doutrinas escatológicas que se manifestaram no período dá-se o nome de *apocaliptismo*. Segundo Scott Jr. (2017, p. 193),

---

38 A origem do nome não é certa, mas, geralmente, entende-se que surgiu da raiz hebraica *pāraš* (פָּרַשׁ), "separar", ou do aramaico *pəraš* (פְּרַשׁ), "distinguir". Para saber mais sobre a origem do grupo, veja Scott Jr. (2017, p. 215-220).

O surgimento do apocaliptismo é uma característica importante do judaísmo intertestamentário. Sua definição precisa, origem, contexto social e religioso e interpretação são temas de debate como também de constantes pesquisas acadêmicas. As controvérsias se estendem até mesmo à lista de escritos considerados apocalípticos.

Outros grupos também se formaram no período intertestamentário, como: saduceus, herodianos, essênios e, posteriormente, um grupo radical chamado *zelotes*. As doutrinas escatológicas referentes a esses demais grupos não são muito claras nas fontes. Sabe-se, no entanto, que os saduceus tinham um debate com os fariseus a respeito da providência divina e da ressurreição – assim nos informam Flávio Josefo (37-100 d.C.) e alguns textos do NT (Lucas, 20: 27; Atos, 23: 8). Os herodianos, por sua vez, pareciam ver na família Herodes uma espécie de rei messiânico político. Já zelotes, grupo mais tardio, revelaram-se um tipo de seita radical que esperava um messias guerreiro que libertaria Israel pela força.

O grupo mais significativo para as doutrinas escatológicas, contudo, foi a **comunidade de Qumran**. Desde seus pequenos assentamentos, por volta de 100 a.C., até a destruição completa da comunidade, por volta de 68 d.C., pelas tropas romanas, a comunidade desenvolveu doutrinas próprias e um método de interpretação até então desconhecido, chamado *pesher*.

Tal comunidade entendia que haveria dois messias, um para Israel e outro para a casa de Arão. Quanto ao fim dos tempos, os qumranitas acreditavam que haveria uma batalha final entre os "filhos da luz" e os "filhos das trevas" e, por isso, precisavam observar as regras de pureza estritamente, preparando-se para esse grande dia. Sobre a interpretação escatológica em Qumran, Cruz (2014, p. 7, grifo do original) afirma:

As várias passagens na Escritura que trazem expressões relacionadas ao **futuro** *têm servido como ponto de partida para textos judaicos de tradição escatológica. Neste sentido, a Bíblia, ou a Escritura, exerce função primordial no desenvolvimento de uma escatologia própria de Qumran na medida em que ela atuou como um ponto de partida para as interpretações escatológicas dos escritos bíblicos. Interpretações estas que não somente fundamentaram a crença no fim dos tempos e criaram uma intenção profética, como elevaram o estatuto dos escritos de Qumran à condição de sagrados, uma vez que as interpretações eram advindas diretamente da Escritura, e não de outras fontes secundárias. Uma condição que reforça a implementação de uma exegese estruturada nos pergaminhos de Qumran e que indica a profissionalização do exegeta frente à figura do copista.*

Inicialmente, muito se debateu sobre as aparentes semelhanças entre as interpretações dos manuscritos do Mar Morto e os textos neotestamentários. Porém, com o avanço dos estudos, percebeu-se que havia também semelhanças com interpretações rabínicas – por exemplo, a visão de dois messias. Como, após muitas discussões, nenhuma conclusão coerente foi atingida, é melhor entendermos as semelhanças entre os vários grupos do período interbíblico e, depois, no período neotestamentário como provenientes de fontes textuais e interpretativas comuns, adaptadas pelos grupos de acordo com suas visões escatológicas.

Além desses grupos, também há, nos chamados *livros apócrifos*[39], uma grande quantidade de material interpretativo escatológico que traz interpretações semelhantes sobre o fim dos tempos. Entre eles, podemos destacar o Primeiro Livro de Enoque, escrito entre 300-200 a.C., e também o Livro dos Jubileus, o qual se supõe

---

39 Sobre os conceitos de *cânon*, *apócrifo* e *pseudoepígrafe*, ver Apêndice B.

ter sido redigido por volta de 200-100 a.C. Ainda segundo Cruz (2014, p. 8),

> Igualmente, Pseudo-Daniel (4Q243-244; 4Q245) e Pseudo-Ezequiel (4Q385c; 4Q386; 4Q388) abordam claramente a crença no fim dos tempos e 4Q Terra Renovada apresenta ao longo de todo o seu conteúdo uma preocupação com o destino final de Israel no mundo que, conforme indicado nos pergaminhos, será definido pela vitória da terra santa sobre o mal.

1.3 A escatologia neotestamentária e a intertextualidade com as fontes comuns das várias formas de judaísmo do primeiro século

Neste tópico, o leitor será levado ao relacionamento intertextual entre o NT e as fontes judaicas do primeiro século. A intertextualidade diz respeito às citações e alusões parecidas entre fontes distintas, sejam estas propositais, sejam incidentais.

1.3.1 Fontes bíblicas

A principal fonte para o entendimento da escatologia é a Bíblia. Os principais livros do AT usados como base escatológica pelos autores do NT são: Daniel, Ezequiel, Zacarias, Isaías, Malaquias e Jeremias.

É necessário entender, porém, que, geralmente, o uso escatológico que os autores do NT fazem do AT é alusivo, e não literal. Às vezes, utiliza-se somente uma figura ou um símbolo veterotestamentário, aplicando a eles uma nova interpretação. Contudo, é preciso entender que, embora a apresentação seja simbólica, não significa que a verdade não seja literal.

Logo no início do cristianismo, mesmo no período apostólico, aconteceram alguns embates doutrinários ferrenhos, e os próprios apóstolos precisaram combater certas doutrinas errôneas que começaram a se infiltrar na Igreja Cristã. Duas principais doutrinas sectárias surgiram nos primeiros anos do cristianismo: (1) a doutrina judaizante, que procurava continuar com a circuncisão e as leis judaicas, bem como com a aceitação de Jesus como o messias de Israel; e (2) o gnosticismo, que adotava uma espécie de visão mística de Jesus e, principalmente, negava a encarnação. A primeira foi combatida na carta de Paulo aos Gálatas e em algumas seções de Romanos; o segundo foi combatido por Paulo na carta aos Colossenses e por João no Evangelho e nas Epístolas.

A escatologia nos livros do Novo Testamento

A escatologia do NT diz respeito ao que podemos encontrar sobre a doutrina dos últimos dias nessa parte da Bíblia. Neste tópico, trataremos sobre como o NT aborda essa doutrina em cada uma de suas grandes seções.

Evangelhos

Os Evangelhos, como fontes fidedignas dos ensinos de Jesus, mostram suas perspectivas do Reino de Deus[40] – mensagem enfatizada por João, o Batista, e por Jesus em sua pregação. Embora haja muitas controvérsias e muitos debates sobre os ensinos de Jesus e os ensinos da Igreja Primitiva, o fato é que nenhum outro texto é tão consistente e fiel ao relatar os ensinos de Jesus quanto os Evangelhos. Com seus diferentes enfoques, esses textos têm uma fluidez literária e uma beleza estilística que possibilitaram que eles fossem preservados e transmitidos nos mais diferentes lugares do mundo em suas múltiplas traduções. Boa parte desses textos é de caráter escatológico, como veremos nas seções seguintes.

Mateus

Discípulo de Jesus, publicano, tinha forte interesse pelas questões escatológicas, tendo em vista que seu público era, em grande parte, de leitores judeus. Utilizava-se de um método de interpretação muito parecido com o método midráshico[41], interpretando os textos da Bíblia Hebraica, primeiramente se concentrando na vida e na obra de Jesus Cristo e, em uma escala mais ampla, enfocando os ensinos de Jesus, as parábolas do Reino e os sermões escatológicos que serviram de base para muito do que se discute sobre as doutrinas das últimas coisas. Destacamos as seguintes passagens:

---

40 Em grego: ἡ βασιλεία τοῦ Θεοῦ (hē bassileia tu theu), o "Reino de Deus", ou ἡ βασιλεία τῶν οὐρανῶν (hē bassileia tōn uranōn), o "Reino dos Céus".

41 O método midráshico era uma forma de interpretar os textos bíblicos que surgiu bem cedo nos escritos judaicos, antes mesmo do período neotestamentário. Adotavam-se interpretações literais, bem como interpretações alegóricas e místicas da Bíblia Hebraica, empregando-as de forma parecida com nossas aplicações nos sermões.

Mateus, 24: 7-8 – Profecia sobre o princípio das dores
ἐγερθήσεται γὰρ ἔθνος ἐπὶ ἔθνος, καὶ βασιλεία ἐπὶ βασιλείαν· καὶ ἔσονται λιμοὶ καὶ λοιμοὶ καὶ σεισμοὶ κατὰ τόπους. πάντα δὲ ταῦτα ἀρχὴ ὠδίνων.

"Porque se levantará nação contra nação, e reino contra reino; e haverá fomes e pestes e terremotos em lugares. Mas todas essas coisas são início das dores de parto."

Mateus, 24: 15-17 – Profecia sobre a grande tribulação
Ὅταν οὖν ἴδητε τὸ βδέλυγμα τῆς ἐρημώσεως, τὸ ῥηθὲν διὰ Δανιὴλ τοῦ προφήτου, ἑστὼς ἐν τόπῳ ἁγίῳ, (ὁ ἀναγινώσκων νοείτω,) τότε οἱ ἐν τῇ Ἰουδαίᾳ φευγέτωσαν ἐπὶ τὰ ὄρη· ὁ ἐπὶ τοῦ δώματος μὴ καταβαινέτω ἆραι τι ἐκ τῆς οἰκίας αὐτοῦ. (Scrivener, 1881)

"Quando então vocês verem a abominação da desolação, a que foi dita por Daniel, o profeta, estando no lugar santo, (aquele que lê entenda), neste tempo, os que estiverem na Judeia escapem para cima dos montes; os que estiverem sobre o telhado não desçam para pegar alguma coisa de sua casa."

Alguns entendem que essa parte do texto cumpriu-se nos tempos apostólicos, no momento em que Jerusalém foi destruída, em 70 d.C.; porém, outra parte parece indicar época diversa:

Mateus, 24: 21-22 – Profecia sobre a grande tribulação
ἔσται γὰρ τότε θλῖψις μεγάλη, οἵα οὐ γέγονεν ἀπ' ἀρχῆς κόσμου ἕως τοῦ νῦν, οὐδ' οὐ μὴ γένηται. καὶ εἰ μὴ ἐκολοβώθησαν αἱ ἡμέραι ἐκεῖναι, οὐκ ἂν ἐσώθη πᾶσα σάρξ· διὰ δὲ τοὺς ἐκλεκτοὺς κολοβωθήσονται αἱ ἡμέραι ἐκεῖναι.

"Porque será então uma grande tribulação, tal qual não houve desde o princípio até agora, nem de alguma forma haverá. E se não tivessem sido abreviados aqueles dias, não seria salva toda a carne; mas por causa dos eleitos, serão encurtados aqueles dias."

Mateus, 24: 29-35 – Profecia sobre a vinda do Filho do Homem

Εὐθέως δὲ μετὰ τὴν θλῖψιν τῶν ἡμερῶν ἐκείνων, ὁ ἥλιος σκοτισθήσεται, καὶ ἡ σελήνη οὐ δώσει τὸ φέγγος αὐτῆς, καὶ οἱ ἀστέρες πεσοῦνται ἀπὸ τοῦ οὐρανοῦ, καὶ αἱ δυνάμεις τῶν οὐρανῶν σαλευθήσονται. καὶ τότε φανήσεται τὸ σημεῖον τοῦ υἱοῦ τοῦ ἀνθρώπου ἐν τῷ οὐρανῷ· καὶ τότε κόψονται πᾶσαι αἱ φυλαὶ τῆς γῆς, καὶ ὄψονται τὸν υἱὸν τοῦ ἀνθρώπου ἐρχόμενον ἐπὶ τῶν νεφελῶν τοῦ οὐρανοῦ μετὰ δυνάμεως καὶ δόξης πολλῆς. (Mateus, 24: 29-30)

"Mas imediatamente após a tribulação daqueles dias, o sol se escurecerá, e a lua não dará o brilho dela, e as estrelas serão derrubadas do céu, e os poderes dos céus serão sacudidos. E então se manifestará o sinal do Filho do Homem no céu; e então lamentarão todas as tribos da terra, e verão o Filho do Homem vindo sobre as nuvens do céu com poder e grande glória."

Mateus, 24: 36-44 – Parábola sobre a exortação à vigilância

περὶ δὲ τῆς ἡμέρας ἐκείνης καὶ τῆς ὥρας οὐδεὶς οἶδεν, οὐδὲ οἱ ἄγγελοι τῶν οὐρανῶν, εἰ μὴ ὁ πατήρ μου μόνος. ὥσπερ δὲ αἱ ἡμέραι τοῦ Νῶε, οὕτως ἔσται καὶ ἡ παρουσία τοῦ υἱοῦ τοῦ ἀνθρώπου. (Mateus, 24: 36-37)

"A respeito daquele dia e da hora ninguém conhece, nem os anjos dos céus, se não o meu Pai somente. Mas assim como os dias de Noé, assim será também a vinda do Filho do Homem."

Mateus, 24: 45-51 – Parábola sobre vigilância: Os dois servos

μακάριος ὁ δοῦλος ἐκεῖνος, ὃν ἐλθὼν ὁ κύριος αὐτοῦ εὑρήσει ποιοῦντα οὕτως. (Mateus, 24: 46)

"Bem-aventurado aquele servo, o qual vindo o senhor dele, encontrar fazendo assim."

Mateus, 25: 1-13 – Parábola sobre vigilância: As dez virgens
γρηγορεῖτε οὖν, ὅτι οὐκ οἴδατε τὴν ἡμέραν οὐδὲ τὴν ὥραν, ἐν ᾗ ὁ υἱὸς τοῦ ἀνθρώπου ἔρχεται. (Mateus, 25: 13)
"Vigiai pois, porque não sabeis o dia nem a hora, na qual o Filho do Homem vem."

Mateus, 25: 14-30 – Parábola sobre vigilância: Os talentos
καὶ τὸν ἀχρεῖον δοῦλον ἐκβάλλετε εἰς τὸ σκότος τὸ ἐξώτερον. ἐκεῖ ἔσται ὁ κλαυθμὸς καὶ ὁ βρυγμὸς τῶν ὀδόντων. (Mateus, 25: 30)
"E o servo inútil foi lançado dentro das trevas externas. Lá será choro e ranger dos dentes."

Mateus, 25: 31-46 – Profecia sobre a vinda do filho do homem: O Juízo Final
Ὅταν δὲ ἔλθῃ ὁ υἱὸς τοῦ ἀνθρώπου ἐν τῇ δόξῃ αὐτοῦ, καὶ πάντες οἱ ἅγιοι ἄγγελοι μετ' αὐτοῦ, τότε καθίσει ἐπὶ θρόνου δόξης αὐτοῦ, καὶ συναχθήσεται ἔμπροσθεν αὐτοῦ πάντα τὰ ἔθνη, καὶ ἀφοριεῖ αὐτοὺς ἀπ' ἀλλήλων, ὥσπερ ὁ ποιμὴν ἀφορίζει τὰ πρόβατα ἀπὸ τῶν ἐρίφων· (Mateus, 25: 31-32)
"Mas quando vier o filho do homem em sua glória, e todos os santos anjos com ele, então se assentará sobre o seu trono, e reunirá diante dele toda a nação, e os separará uns dos outros, assim como o pastor separa as ovelhas dos cabritos."

Todos esses textos de Mateus revelam quantas lições sobre as doutrinas escatológicas estão contidas no livro. Contudo, por estarem essas lições em forma de parábolas e em uma estrutura de pensamento do judaísmo do primeiro século, nem sempre é fácil entender esses ensinamentos com clareza, levando a diversas interpretações por parte das mais diferentes correntes do cristianismo.

Marcos

Mais direto e com menor extensão literária, Marcos apresenta, naturalmente, menos conteúdo escatológico do que Mateus. Escrito para um público gentílico, tem o objetivo de escolher as memórias de Pedro sobre os ensinos de Jesus. Porém, algumas passagens são significativas para a doutrina escatológica:

Marcos, 12: 18-27 – Profecia sobre a ressureição dos mortos e a vida futura

ὅταν γὰρ ἐκ νεκρῶν ἀναστῶσιν, οὔτε γαμοῦσιν, οὔτε γαμίσκονται, ἀλλ' εἰσὶν ὡς ἄγγελοι οἱ ἐν τοῖς οὐρανοῖς.

"Porquanto a respeito dos mortos ressuscitarem, nem casam, nem se dão em casamento, mas são com os anjos nos céus."

Marcos, 13: 8 – Profecia sobre a grande tribulação

ἐγερθήσεται γὰρ ἔθνος ἐπὶ ἔθνος, καὶ βασιλεία ἐπὶ βασιλείαν· καὶ ἔσονται σεισμοὶ κατὰ τόπους, καὶ ἔσονται λιμοὶ καὶ ταραχαί· ἀρχαὶ ὠδίνων ταῦτα.

"Pois se levantará nação contra nação, e reino contra reino; e haverá terremotos em lugares, e haverá fomes e tribulações; estes são princípios das dores."

Marcos, 13: 24-26 – Profecia sobre a vinda do filho do homem

Ἀλλ' ἐν ἐκείναις ταῖς ἡμέραις, μετὰ τὴν θλῖψιν ἐκείνην, ὁ ἥλιος σκοτισθήσεται, καὶ ἡ σελήνη οὐ δώσει τὸ φέγγος αὐτῆς, καὶ οἱ ἀστέρες τοῦ οὐρανοῦ ἔσονται ἐκπίπτοντες, καὶ αἱ δυνάμεις αἱ ἐν τοῖς οὐρανοῖς σαλευθήσονται. καὶ τότε ὄψονται τὸν υἱὸν τοῦ ἀνθρώπου ἐρχόμενον ἐν νεφέλαις μετὰ δυνάμεως πολλῆς καὶ δόξης.

"Mas naqueles dias, após aquela tribulação, o sol se escurecerá, e a lua não dará o brilho dela, e as estrelas do céu estarão em queda, e os poderes que estão nos céus serão sacudidos e então verão o Filho do Homem vindo nas nuvens com poder e grande glória."

Marcos, 13: 33 – Profecia sobre a vigilância diante da iminência da vinda do filho do homem
βλέπετε, ἀγρυπνεῖτε καὶ προσεύχεσθε· οὐκ οἴδατε γὰρ πότε ὁ καιρός ἐστιν.

"Vede, estejais em alerta e orai; porque não sabeis quando é o tempo."

Lucas

Escrito para um tal de Teófilo, personagem desconhecida, mas que parece estar ligada a um ambiente gentílico romano, o Evangelho de Lucas é o mais literário e detalhista dos quatro. Procura ser minucioso na descrição da história e dos ensinamentos de Jesus em ordem de acontecimentos, conforme o autor descreveu em sua pesquisa. Os textos significativos para o ensino escatológico de Jesus são os seguintes:

Lucas, 17: 22–24 – Profecia sobre a vinda do Reino de Deus
Εἶπε δὲ πρὸς τοὺς μαθητάς, Ἐλεύσονται ἡμέραι ὅτε ἐπιθυμήσετε μίαν τῶν ἡμερῶν τοῦ υἱοῦ τοῦ ἀνθρώπου ἰδεῖν, καὶ οὐκ ὄψεσθε. καὶ ἐροῦσιν ὑμῖν, Ἰδοὺ ὧδε, ἤ, Ἰδοὺ ἐκεῖ· μὴ ἀπέλθητε, μηδὲ διώξητε. ὥσπερ γὰρ ἡ ἀστραπὴ ἡ ἀστράπτουσα ἐκ τῆς ὑπ᾽ οὐρανὸν εἰς τὴν ὑπ᾽ οὐρανὸν λάμπει, οὕτως ἔσται καὶ ὁ υἱὸς τοῦ ἀνθρώπου ἐν τῇ ἡμέρᾳ αὐτοῦ.

"Mas disse aos discípulos: dias vêm quando desejareis um dos dias do filho do homem ver, e não vereis e dirão a vós: eis ali, ou, eis aqui; não vades, nem sigais. Pois assim como o relâmpago resplandece de uma parte do céu até a outra parte do céu brilha, assim será o filho do homem em seu dia."

Lucas, 21: 9-11 – Profecia sobre o princípio das dores
ὅταν δὲ ἀκούσητε πολέμους καὶ ἀκαταστασίας, μὴ πτοηθῆτε· δεῖ γὰρ ταῦτα γενέσθαι πρῶτον, ἀλλ' οὐκ εὐθέως τὸ τέλος. Τότε ἔλεγεν αὐτοῖς, Εγερθήσεται ἔθνος ἐπὶ ἔθνος, καὶ βασιλεία ἐπὶ βασιλείαν· σεισμοί τε μεγάλοι κατὰ τόπους καὶ λιμοὶ καὶ λοιμοὶ ἔσονται, φόβητρά τε καὶ σημεῖα ἀπ' οὐρανοῦ μεγάλα ἔσται.

"Mas quando ouvirdes guerras e confusões, não vos amedronteis; porque é necessário estas coisas virem a acontecer primeiro, mas o fim não é imediatamente. Então lhes disse: se levantará nação contra nação, e reino contra reino; também grandes terremotos em lugares e fomes e pragas haverão, visões terríveis e também grandes sinais no céu haverão."

Lucas, 21: 25-27 – Profecia sobre a vinda do filho do homem
καὶ ἔσται σημεῖα ἐν ἡλίῳ καὶ σελήνῃ καὶ ἄστροις, καὶ ἐπὶ τῆς γῆς συνοχὴ ἐθνῶν ἐν ἀπορίᾳ, ἠχούσης· θαλάσσης καὶ σάλου, ἀποψυχόντων ἀνθρώπων ἀπὸ φόβου καὶ προσδοκίας τῶν ἐπερχομένων τῇ οἰκουμένῃ· αἱ γὰρ δυνάμεις τῶν οὐρανῶν σαλευθήσονται. καὶ τότε ὄψονται τὸν υἱὸν τοῦ ἀνθρώπου ἐρχόμενον ἐν νεφέλῃ μετὰ δυνάμεως καὶ δόξης πολλῆς.

"E haverá sinais no sol e na lua e nas estrelas, e sobre a terra aflição dos povos em perplexidade, pelo barulho, do mar e das ondas, homens desmaiarão por causa do medo e por causa da expectativa do que virá no mundo; porque os poderes dos céus serão sacudidos. E então se verá o filho do homem vindo na nuvem com poder e grande glória."

Lucas, 21: 34-36 – Profecia sobre a vigilância diante da iminência da vinda do filho do homem
Προσέχετε δὲ ἑαυτοῖς, μήποτε βαρυνθῶσιν ὑμῶν αἱ καρδίαι ἐν κραιπάλῃ καὶ μέθῃ καὶ μερίμναις βιωτικαῖς, καὶ αἰφνίδιος ἐφ' ὑμᾶς ἐπιστῇ ἡ ἡμέρα ἐκείνη· ὡς παγὶς γὰρ ἐπελεύσεται ἐπὶ πάντας

τοὺς καθημένους ἐπὶ πρόσωπον πάσης τῆς γῆς. ἀγρυπνεῖτε οὖν ἐν παντὶ καιρῷ δεόμενοι, ἵνα καταξιωθῆτε ἐκφυγεῖν ταῦτα πάντα τὰ μέλλοντα γίνεσθαι, καὶ σταθῆναι ἔμπροσθεν τοῦ υἱοῦ τοῦ ἀνθρώπου. (Scrivener, 1881)

"Mas orai por vós mesmos, para que de forma nenhuma estejam sobrecarregado os vossos corações em embriaguez e em bebedeira e em preocupações desta vida, e repentinamente sobre vós esteja presente aquele dia. Pois como uma cilada há de sobrevir sobre todos os que se assentam sobre a face de toda a terra. Vigiai então em todo o tempo estando a vigiar, a fim de que sejais considerados dignos de escapar de todas essas coisas que haverão de acontecer, para que possais estar de pé diante do filho do homem."

João

Escrito em Éfeso, o Evangelho de João dá ênfase à divindade de Jesus como uma espécie de apologética contra as seitas gnósticas que já estavam surgindo em sua época. O texto é de cerca de 90 d.C. Não há muitos textos escatológicos em João, visto que seu objetivo é apresentar Jesus como o Cristo (Messias), o Filho de Deus.

Atos dos Apóstolos

Uma espécie de continuação do Evangelho de Lucas, escrito para a mesma pessoa em uma segunda parte do Evangelho, é um texto que mostra a continuação da obra de Jesus pela ação do Espírito Santo na Igreja. Existem poucos textos escatológicos nesse Evangelho, mas vale ressaltar alguns:

Atos, 1: 11 – Ascensão de Jesus e a promessa que Ele voltará assim como foi recebido nas alturas

οἳ καὶ εἶπον, Ἄνδρες Γαλιλαῖοι, τί ἐστήκατε ἐμβλέποντες εἰς τὸν οὐρανόν; οὗτος ὁ Ἰησοῦς, ὁ ἀναληφθεὶς ἀφ' ὑμῶν εἰς τὸν οὐρανόν, οὕτως ἐλεύσεται ὃν τρόπον ἐθεάσασθε αὐτὸν πορευόμενον εἰς τὸν οὐρανόν.

"Os quais disseram, homens galileus, porque vós ficastes parados de pé contemplando os céus? Este Jesus, que está sendo levantado diante de vós ao céu, voltará dessa mesma forma que vós o viste partindo para o céu."

Atos, 3: 21 – A glorificação de Jesus até seu retorno nos "tempos da restauração"

ὃν δεῖ οὐρανὸν μὲν δέξασθαι ἄχρι χρόνων ἀποκαταστάσεως πάντων, ὧν ἐλάλησεν ὁ Θεὸς διὰ στόματος πάντων ἁγίων αὐτοῦ προφητῶν ἀπ' αἰῶνος.

"O qual é necessário que o céu receba até os tempos da restauração de todos, o qual disse Deus por meio da boca de todos os seus santos profetas desde a era antiga."

Epístolas Paulinas

Nesta parte, veremos a doutrina escatológica nas Epístolas Paulinas, muito importante para o entendimento da doutrina no NT porque o apóstolo Paulo discorre, em muitas passagens, sobre as últimas coisas.

Romanos

Epístola paulina de grande relevância teológica, considerada como a síntese da fé cristã, tem passagens importantes para os ensinos escatológicos, como é possível verificar nos seguintes trechos:

Romanos, 2: 16 – O dia em que Deus julgará "os segredos dos homens"

ἐν ἡμέρᾳ ὅτε κρινεῖ ὁ Θεὸς τὰ κρυπτὰ τῶν ἀνθρώπων, κατὰ τὸ εὐαγγέλιόν μου, διὰ Ἰησοῦ Χριστοῦ.

"Em um dia quando Deus julgará os segredos dos homens, de acordo com o meu evangelho, por meio de Jesus Cristo."

Romanos, 8: 20-21 – A restauração da criação

τῇ γὰρ ματαιότητι ἡ κτίσις ὑπετάγη, οὐχ ἑκοῦσα, ἀλλὰ διὰ τὸν ὑποτάξαντα, ἐπ' ἐλπίδι· ὅτι καὶ αὐτὴ ἡ κτίσις ἐλευθερωθήσεται ἀπὸ τῆς δουλείας τῆς φθορᾶς εἰς τὴν ἐλευθερίαν τῆς δόξης τῶν τέκνων τοῦ Θεοῦ.

"Porque na vaidade a criação está subordinada, não voluntária, mas por aquele que a sujeitou, na esperança que também ela, a criação, seja livre da servidão da corrupção para a liberdade da glória dos filhos de Deus."

Romanos, 11: 25-26 – A rejeição provisória de Israel e sua restauração

Οὐ γὰρ θέλω ὑμᾶς ἀγνοεῖν, ἀδελφοί, τὸ μυστήριον τοῦτο, ἵνα μὴ ἦτε παρ' ἑαυτοῖς φρόνιμοι, ὅτι πώρωσις ἀπὸ μέρους τῷ Ἰσραὴλ γέγονεν, ἄχρις οὗ τὸ πλήρωμα τῶν ἐθνῶν εἰσέλθῃ· καὶ οὕτω πᾶς Ἰσραὴλ σωθήσεται· καθὼς γέγραπται, Ἥξει ἐκ Σιὼν ὁ ῥυόμενος, καὶ ἀποστρέψει ἀσεβείας ἀπὸ Ἰακώβ·

"Porque não quero que vós o venhais a ignorar, irmãos, este mistério, a fim de que não sejais para vós mesmos imprudentes, porque veio endurecimento em parte para Israel, até que a plenitude dos gentios venha. E assim todo Israel se salvará; como está escrito, estará presente em Sião o libertador, e desviará a impiedade de Jacó."

I e II Coríntios

Escritas para as igrejas da cidade de Corinto, na Grécia, as epístolas têm algumas passagens importantes para a doutrina das últimas coisas, como:

I Coríntios, 15: 20-25 – A respeito da ressurreição dos mortos
Νυνὶ δὲ Χριστὸς ἐγήγερται ἐκ νεκρῶν, ἀπαρχὴ τῶν κεκοιμημένων ἐγένετο. ἐπειδὴ γὰρ δι' ἀνθρώπου ὁ θάνατος, καὶ δι' ἀνθρώπου ἀνάστασις νεκρῶν. ὥσπερ γὰρ ἐν τῷ Ἀδὰμ πάντες ἀποθνήσκουσιν, οὕτω καὶ ἐν τῷ Χριστῷ πάντες ζωοποιηθήσονται. ἕκαστος δὲ ἐν τῷ ἰδίῳ τάγματι· ἀπαρχὴ Χριστός, ἔπειτα οἱ Χριστοῦ ἐν τῇ παρουσίᾳ αὐτοῦ. εἶτα τὸ τέλος, ὅταν παραδῷ τὴν βασιλείαν τῷ Θεῷ καὶ πατρί, ὅταν καταργήσῃ πᾶσαν ἀρχὴν καὶ πᾶσαν ἐξουσίαν καὶ δύναμιν. δεῖ γὰρ αὐτὸν βασιλεύειν, ἄχρις οὗ ἂν θῇ πάντας τοὺς ἐχθροὺς ὑπὸ τοὺς πόδας αὐτοῦ.

"Mas agora tendo Cristo ressuscitado dos mortos, se tornou primícias dos que têm dormido. Porque desde que por meio de um homem a morte, também por meio de um homem a ressurreição dos mortos, porque assim como em Adão todos morrem, assim também em Cristo todos serão vivificados. Mas cada um em sua própria ordem; primeiramente Cristo, depois os que estiverem em Cristo em sua vinda (parussia). Então o fim, quando na entrega do reino a Deus e Pai, quando eliminar todo líder e toda autoridade e também todo poder. Pois é necessário Ele reinar, até que tenha colocado todos os inimigos sobre Seus pés."

II Coríntios, 5: 10 – O ministério e o comparecimento diante do Tribunal de Cristo
τοὺς γὰρ πάντας ἡμᾶς φανερωθῆναι δεῖ ἔμπροσθεν τοῦ βήματος τοῦ Χριστοῦ, ἵνα κομίσηται ἕκαστος τὰ διὰ τοῦ σώματος, πρὸς ἃ ἔπραξεν, εἴτε ἀγαθὸν εἴτε κακόν.

"Porque a todos nós importa que apareçamos diante do tribunal de Cristo, a fim de que recebamos, cada um, conforme o que por meio do corpo, o que tiver feito, quer o bem quer o mal."

Gálatas

Escrita para as igrejas da Galácia, é uma carta que tem como objetivo, principalmente, combater grupos sectários judaizantes. Não apresenta muitos textos escatológicos, mas alerta para que nossas ações sejam semeaduras para a vida eterna (Gálatas, 6: 8-9).

Efésios

Escrita para a igreja localizada em Éfeso, com uma forte ênfase na doutrina eclesiológica (doutrina da Igreja), não se aprofunda em doutrinas escatológicas, a não ser para enfatizar nossa redenção e nossa herança na glória de Deus e de Cristo (Efésios, 1: 13-14).

Filipenses

Escrita como uma forma de agradecimento à assistência dada pelos irmãos da Macedônia a seu ministério, o apóstolo escreveu uma carta mais amigável aos filipenses, lembrando-os da alegria do Evangelho e da perseverança dos crentes. Os textos mais usados para o ensino da doutrina das últimas coisas são:

Filipenses, 2: 10-11 – A exaltação de Jesus e a declaração de que todo joelho se dobre e toda língua confesse o Seu senhorio para a glória de Deus Pai

ἵνα ἐν τῷ ὀνόματι Ἰησοῦ πᾶν γόνυ κάμψῃ ἐπουρανίων καὶ ἐπιγείων καὶ καταχθονίων, 11 καὶ πᾶσα γλῶσσα ἐξομολογήσηται ὅτι Κύριος Ἰησοῦς Χριστὸς, εἰς δόξαν Θεοῦ πατρός.

"A fim de que no nome de Jesus todo joelho se dobre nos lugares celestiais e na terra e debaixo da terra, e toda língua confesse que Jesus Cristo, Senhor, para glória de Deus pai."

Filipenses, 3: 20-21 – A cidade celestial e o corpo glorificado aguardado pelos crentes em Jesus Cristo
ἡμῶν γὰρ τὸ πολίτευμα ἐν οὐρανοῖς ὑπάρχει, ἐξ οὗ καὶ Σωτῆρα ἀπεκδεχόμεθα, Κύριον Ἰησοῦν Χριστόν· ὃς μετασχηματίσει τὸ σῶμα τῆς ταπεινώσεως ἡμῶν, εἰς τὸ γενέσθαι αὐτὸ σύμμορφον τῷ σώματι τῆς δόξης αὐτοῦ, κατὰ τὴν ἐνέργειαν τοῦ δύνασθαι αὐτὸν καὶ ὑποτάξαι ἑαυτῷ τὰ πάντα.

"Porque a nossa cidade existe nos céus, de onde também o salvador estamos aguardando, o senhor Jesus Cristo, o qual transformará o nosso corpo de humilhação, para que venha a ser conforme a imagem de sua glória, conforme a força do poder dele em subordinar em si mesmo todas as coisas."

Colossenses
Escrita para a Igreja de Colossos para combater uma espécie de misticismo judaico gnóstico presente entre os irmãos, a epístola não tem muitos ensinos escatológicos, a não ser por alguns textos importantes sobre a pessoa e obra de Cristo:

Colossenses, 1: 1-23 – A centralidade de Cristo como primogênito de toda a criação a que todo o universo está sujeito
ὅς ἐστιν εἰκὼν τοῦ Θεοῦ τοῦ ἀοράτου, πρωτότοκος πάσης κτίσεως· ὅτι ἐν αὐτῷ ἐκτίσθη τὰ πάντα, τὰ ἐν τοῖς οὐρανοῖς καὶ τὰ ἐπὶ τῆς γῆς, τὰ ὁρατὰ καὶ τὰ ἀόρατα, εἴτε θρόνοι, εἴτε κυριότητες, εἴτε ἀρχαὶ, εἴτε ἐξουσίαι· τὰ πάντα δι' αὐτοῦ καὶ εἰς αὐτὸν ἔκτισται·. (Colossenses, 1: 15-16)

"O qual é a imagem do Deus invisível, o primogênito de toda criação. Pois nele foram criadas todas as coisas, as nos céus e as sobre a terra, as visíveis e as invisíveis, quer tronos, quer senhorios, quer principados, quer autoridades; todas as coisas por meio dele e por ele foram criadas."

I e II Tessalonicenses
Escritas para as igrejas de Tessalônica, são consideradas as cartas mais escatológicas do apóstolo Paulo. Muitas passagens dessas epístolas têm ensinamentos relevantes sobre as últimas coisas e que são grandes pontos de debate nas várias confissões cristãs. Vejamos:

I Tessalonicenses, 4: 13-17 – A respeito dos que dormem em Cristo e do arrebatamento
Οὐ θέλω δὲ ὑμᾶς ἀγνοεῖν, ἀδελφοί, περὶ τῶν κεκοιμημένων, ἵνα μὴ λυπῆσθε, καθὼς καὶ οἱ λοιποὶ οἱ μὴ ἔχοντες ἐλπίδα. εἰ γὰρ πιστεύομεν ὅτι Ἰησοῦς ἀπέθανε καὶ ἀνέστη, οὕτω καὶ ὁ Θεὸς τοὺς κοιμηθέντας διὰ τοῦ Ἰησοῦ ἄξει σὺν αὐτῷ. τοῦτο γὰρ ὑμῖν λέγομεν ἐν λόγῳ Κυρίου, ὅτι ἡμεῖς οἱ ζῶντες οἱ περιλειπόμενοι εἰς τὴν παρουσίαν τοῦ Κυρίου, οὐ μὴ φθάσωμεν τοὺς κοιμηθέντας. ὅτι αὐτὸς ὁ Κύριος ἐν κελεύσματι, ἐν φωνῇ ἀρχαγγέλου, καὶ ἐν σάλπιγγι Θεοῦ, καταβήσεται ἀπ' οὐρανοῦ, καὶ οἱ νεκροὶ ἐν Χριστῷ, ἀναστήσονται πρῶτον· ἔπειτα ἡμεῖς οἱ ζῶντες οἱ περιλειπόμενοι, ἅμα σὺν αὐτοῖς ἁρπαγησόμεθα ἐν νεφέλαις εἰς ἀπάντησιν τοῦ Κυρίου εἰς ἀέρα· καὶ οὕτω πάντοτε σὺν Κυρίῳ ἐσόμεθα. (Scrivener, 1881)

"Mas não quero que vós venhais a ignorar, irmãos, a respeito dos que dormem, a fim de que venhais a estar pesarosos como os restantes, os quais não têm esperança. Porque se cremos que Jesus morreu e ressuscitou, assim também Deus, aos que têm dormindo, por meio de Jesus, trará com ele. Porque isto dizemos a vós, em palavra do Senhor, que nós os viventes, os que permanecemos na vinda (parussia) do Senhor, de forma nenhuma iremos preceder os que têm dormido. Porque ele mesmo, o Senhor, em comando, em voz de arcanjo, com trombeta de Deus, descerá do céu, e os mortos em Cristo, serão ressuscitados primeiro. Depois nós, os que permanecemos vivos, ao mesmo tempo com eles, seremos arrebatados nas nuvens ao encontro do Senhor nos ares; e assim estaremos com o Senhor sempre."

I Tessalonicenses, 5: 1-2 – O dia do Senhor virá como o ladrão de noite

Περὶ δὲ τῶν χρόνων καὶ τῶν καιρῶν, ἀδελφοί, οὐ χρείαν ἔχετε ὑμῖν γράφεσθαι. αὐτοὶ γὰρ ἀκριβῶς οἴδατε ὅτι ἡ ἡμέρα Κυρίου ὡς κλέπτης ἐν νυκτὶ οὕτως ἔρχεται·

"Mas a respeito dos tempos e das épocas, irmãos, não há necessidade de vos escrever. Porque quanto a esses, bem sabeis que o dia do Senhor virá assim como um ladrão à noite."

II Tessalonicenses, 2: 1-4 – A manifestação do iníquo antes do Dia de Cristo

Ερωτῶμεν δὲ ὑμᾶς, ἀδελφοί, ὑπὲρ τῆς παρουσίας τοῦ Κυρίου ἡμῶν Ἰησοῦ Χριστοῦ, καὶ ἡμῶν ἐπισυναγωγῆς ἐπ' αὐτόν, εἰς τὸ μὴ ταχέως σαλευθῆναι ὑμᾶς ἀπὸ τοῦ νοός, μηδὲ θροεῖσθαι, μήτε διὰ πνεύματος, μήτε διὰ λόγου, μήτε δι' ἐπιστολῆς ὡς δι' ἡμῶν, ὡς ὅτι ἐνέστηκεν ἡ ἡμέρα τοῦ Χριστοῦ· μή τις ὑμᾶς ἐξαπατήσῃ κατὰ μηδένα τρόπον· ὅτι ἐὰν μὴ ἔλθῃ ἡ ἀποστασία πρῶτον, καὶ ἀποκαλυφθῇ ὁ ἄνθρωπος τῆς ἁμαρτίας, ὁ υἱὸς τῆς ἀπωλείας, ὁ ἀντικείμενος καὶ ὑπεραιρόμενος ἐπὶ πᾶν τὸ λεγόμενον Θεὸν ἢ σέβασμα, ὥστε αὐτὸν εἰς τὸν ναὸν τοῦ Θεοῦ ὡς Θεὸν καθίσαι, ἀποδεικνύντα ἑαυτὸν ὅτι ἐστὶ Θεός.

"Mas rogamos a vós, irmãos, a respeito da vinda do nosso Senhor Jesus Cristo, e nossa reunião com ele, para que não sejais abalados do vosso entendimento tão rapidamente, nem venhais a ser alarmados, quer por espírito, quer por palavra, quer por epístola como se fosse por nós, como se o dia do Senhor já estivesse presente. Ninguém vos engane de nenhum modo. Pois sem que venha primeiro a apostasia, e seja manifestado o homem do pecado, o filho da perdição, o que se opõe e o que se levanta sobre tudo o que se chama Deus ou objeto de adoração, de modo que virá a se assentar no santuário de Deus, como Deus, proclamando a si mesmo que ele é Deus."

I e II Timóteo

Consideradas, juntamente aos textos de Tito, como cartas pastorais, escritas pelo apóstolo a seus fiéis cooperadores, contêm não apenas ensinamentos sobre as mais diferentes questões eclesiásticas, mas também textos significativos sobre as doutrinas escatológicas, como:

I Timóteo, 4: 1 – O estado de corrupção humana nos últimos dias

Τὸ δὲ Πνεῦμα ῥητῶς λέγει, ὅτι ἐν ὑστέροις καιροῖς ἀποστήσονταί τινες τῆς πίστεως, προσέχοντες πνεύμασι πλάνοις καὶ διδασκαλίαις δαιμονίων.

"O Espírito expressamente diz que, nos tempos finais, apostatarão alguns da fé, seguindo espíritos enganadores e ensinamentos de demônios."

II Timóteo, 3: 1-5 – A corrupção dos últimos dias: os tempos trabalhosos

Τοῦτο δὲ γίνωσκε, ὅτι ἐν ἐσχάταις ἡμέραις ἐνστήσονται καιροὶ χαλεποί. ἔσονται γὰρ οἱ ἄνθρωποι φίλαυτοι, φιλάργυροι, ἀλαζόνες, ὑπερήφανοι, βλάσφημοι, γονεῦσιν ἀπειθεῖς, ἀχάριστοι, ἀνόσιοι, ἄστοργοι, ἄσπονδοι, διάβολοι, ἀκρατεῖς, ἀνήμεροι, ἀφιλάγαθοι, προδόται, προπετεῖς, τετυφωμένοι, φιλήδονοι μᾶλλον ἢ φιλόθεοι, ἔχοντες μόρφωσιν εὐσεβείας, τὴν δὲ δύναμιν αὐτῆς ἠρνημένοι· καὶ τούτους ἀποτρέπου.

"Mas tu, sabe isto: que nos últimos dias chegarão tempos violentos. Porque os homens serão amantes de si mesmos, amantes dos vícios, arrogantes, orgulhosos, blasfemadores, desobedientes aos pais, ingratos, profanos, insensíveis, irreconciliáveis, caluniosos, sem controle próprio, selvagens, odiosos do bem comum, traidores, imprudentes, serão arrogantes, amantes dos prazeres mais do que amantes de Deus, tendo forma de piedade, mas negando a eficácia dela; destas coisas também, desvia-te."

II Timóteo, 4: 3 – Tempo em que não suportarão a sã doutrina
ἔσται γὰρ καιρὸς ὅτε τῆς ὑγιαινούσης διδασκαλίας οὐκ ἀνέξονται, ἀλλὰ κατὰ τὰς ἐπιθυμίας τὰς ἰδίας ἑαυτοῖς ἐπισωρεύσουσι διδασκάλους, κνηθόμενοι τὴν ἀκοήν·

"Porque haverá tempo em que a doutrina saudável não suportarão, mas de acordo com as suas próprias concupiscências para si mesmos acumularão mestres, sentindo coceiras no ouvido."

II Timóteo, 4: 8 – A recompensa de Paulo e de todos os que amarem a vinda do Senhor
λοιπὸν, ἀπόκειταί μοι ὁ τῆς δικαιοσύνης στέφανος, ὃν ἀποδώσει μοι ὁ Κύριος ἐν ἐκείνῃ τῇ ἡμέρᾳ, ὁ δίκαιος κριτής· οὐ μόνον δὲ ἐμοί, ἀλλὰ καὶ πᾶσι τοῖς ἠγαπηκόσι τὴν ἐπιφάνειαν αὐτοῦ.

"Finalmente, já está reservada a mim a coroa da justiça, a qual me dará o Senhor, o justo juiz, naquele dia; mas não somente a mim, mas também a todos os que têm amado sua vinda (epifaneian)."

Tito
Semelhantemente às cartas a Timóteo, Tito compôs uma espécie de *manual do ministro*, escrita pelo apóstolo para orientar

seu ministério na ilha de Creta. Como se trata de uma epístola curta, apresenta poucos textos escatológicos, mas que são muito interessantes:

Tito, 1: 2 – A esperança da vida eterna
ἐπ' ἐλπίδι ζωῆς αἰωνίου, ἣν ἐπηγγείλατο ὁ ἀψευδὴς Θεὸς πρὸ χρόνων αἰωνίων.
"Na esperança da vida eterna, a qual foi prometida pelo Deus que não pode mentir, desde os tempos eternos."

Tito, 2: 11-13 – Uma vida santa na expectativa do aparecimento da glória do Grande Deus e nosso Senhor Jesus Cristo
ἐπεφάνη γὰρ ἡ χάρις τοῦ Θεοῦ ἡ σωτήριος πᾶσιν ἀνθρώποις, παιδεύουσα ἡμᾶς ἵνα, ἀρνησάμενοι τὴν ἀσέβειαν καὶ τὰς κοσμικὰς ἐπιθυμίας σωφρόνως καὶ δικαίως καὶ εὐσεβῶς ζήσωμεν ἐν τῷ νῦν αἰῶνι, προσδεχόμενοι τὴν μακαρίαν ἐλπίδα καὶ ἐπιφάνειαν τῆς δόξης τοῦ μεγάλου Θεοῦ καὶ σωτῆρος ἡμῶν Ἰησοῦ Χριστοῦ.
"Pois se manifestou a graça de Deus, o salvador de todos os homens, instruindo-nos, a fim de que, repudiando a impiedade e também o desejo das coisas mundanas, controladamente e corretamente, bem como piedosamente, vivamos agora nessa era, aguardando a bem-aventurada esperança e manifestação da glória do grande Deus e do nosso Salvador Jesus Cristo."

Filemon
Um texto bem pessoal do apóstolo endereçado a Filemon em favor de um escravo chamado *Onésimo*. Trata de questões a respeito do perdão e da adoção de Onésimo como irmão por parte de Filemon. Texto breve e objetivo, que não contém doutrinas escatológicas.

Epístolas gerais

Chamadas de *Epístolas gerais* por não se dirigirem a nenhuma igreja específica, mas às igrejas como um todo ou para se distinguir das epístolas conhecidas como *paulinas*. Essas cartas também apresentam doutrinas escatológicas importantes, como veremos adiante.

Hebreus

Embora de autor desconhecido, essa obra-prima da literatura cristã faz uma interpretação das instituições e dos rituais do AT, representando toda uma tipologia da vida e da obra de Jesus, o Messias prometido nas escrituras hebraicas.

Não há muitos textos escatológicos em Hebreus falando do futuro; sua análise é do cumprimento das profecias, das figuras e das instituições na pessoa do Messias Jesus Cristo. Podemos, contudo, citar os seguintes textos:

Hebreus, 4: 9-11 – Um descanso final é aguardado pelo povo de Deus

ἄρα ἀπολείπεται σαββατισμὸς τῷ λαῷ τοῦ Θεοῦ. ὁ γὰρ εἰσελθὼν εἰς τὴν κατάπαυσιν αὐτοῦ καὶ αὐτὸς κατέπαυσεν ἀπὸ τῶν ἔργων αὐτοῦ, ὥσπερ ἀπὸ τῶν ἰδίων ὁ Θεός. σπουδάσωμεν οὖν εἰσελθεῖν εἰς ἐκείνην τὴν κατάπαυσιν, ἵνα μὴ ἐν τῷ αὐτῷ τις ὑποδείγματι πέσῃ τῆς ἀπειθείας.

"Portanto, resta um descanso sabático (sabbatismo) para o povo de Deus. Porque aquele que entrou em seu descanso, ele mesmo também descansou de suas obras, assim como Deus das suas próprias. Sejamos, pois, zelosos para entrar naquele descanso, a fim de que ninguém, de forma nenhuma, venha a cair como exemplo de desobediência."

Hebreus, 12: 26 – A terra e os céus serão abalados
οὗ ἡ φωνὴ τὴν γῆν ἐσάλευσε τότε, νῦν δὲ ἐπήγγελται, λέγων, Ἔτι ἅπαξ ἐγὼ σείω οὐ μόνον τὴν γῆν, ἀλλὰ καὶ τὸν οὐρανόν.

"A voz do qual, então, a terra sacudiu, mas agora tem prometido, dizendo: ainda uma vez eu agitarei não somente a terra, mas também o céu."

Tiago

Escrito para alertar sobre os perigos de uma fé teórica, a epístola instrui os crentes a demonstrar sua fé por meio de ações práticas e concretas que possam ser vistas. A fé, de acordo com Tiago, deve estar intimamente associada às obras, ou seja, o que nós fazemos demonstra em que cremos. O texto seguinte fala da vinda do Senhor:

Tiago, 5: 7-9 – Perseverança e paciência até a vinda do Senhor
μακροθυμήσατε οὖν, ἀδελφοί, ἕως τῆς παρουσίας τοῦ Κυρίου. ἰδού, ὁ γεωργὸς ἐκδέχεται τὸν τίμιον καρπὸν τῆς γῆς, μακροθυμῶν ἐπ' αὐτῷ, ἕως ἂν λάβῃ ὑετὸν πρώϊμον καὶ ὄψιμον. μακροθυμήσατε καὶ ὑμεῖς, στηρίξατε τὰς καρδίας ὑμῶν, ὅτι ἡ παρουσία τοῦ Κυρίου ἤγγικε. μὴ στενάζετε κατ' ἀλλήλων, ἀδελφοί, ἵνα μὴ κατακριθῆτε· ἰδού, ὁ κριτὴς πρὸ τῶν θυρῶν ἕστηκεν.

"Tende, pois, irmãos, paciência, até a parussia do Senhor. Eis que o agricultor aguarda o precioso fruto da terra, pacientemente por ele, até que recebe a chuva, a primeira e a última. Sede pacientes também vós, fortalecendo os vossos corações, porque a parussia do Senhor vai se aproximando. Não murmureis uns contra os outros, irmãos, para que não sejais julgados; eis que o juiz está às portas."

I e II Pedro

Escritas pelo apóstolo Pedro às igrejas da dispersão, encontramos indícios de inserção de doutrinas escatológicas não apostólicas, combatidas por Paulo e citadas por Pedro. Os versículos a seguir são esclarecedores quanto a essas doutrinas:

II Tessalonissenses, 2: 1-3 – *A vinda da apostasia do fim dos tempos*

"Ora, irmãos, rogamos-vos, pela vinda de nosso Senhor Jesus Cristo e pela nossa reunião com ele, que não vos movais facilmente do vosso entendimento, nem vos perturbeis, quer por espírito, quer por palavra, quer por epístola, como de nós, como se o Dia de Cristo estivesse já perto. Ninguém, de maneira alguma, vos engane, porque não será assim sem que antes venha a apostasia e se manifeste o homem do pecado, o filho da perdição."

Esse texto revela que alguns estavam ensinando em Tessalônica que o dia de Cristo já estava perto, causando certa turbulência na igreja da cidade. Paulo, assim, buscou corrigir essa doutrina, ensinando que antes viria a apostasia e se manifestaria o homem do pecado.

Pedro alertou os crentes de que alguns estavam distorcendo os ensinamentos escatológicos de Paulo, conforme lemos:

II Pedro, 3: 13-18 – *Novos céus e nova terra*

13 καινοὺς δὲ οὐρανοὺς καὶ γῆν καινὴν κατὰ τὸ ἐπάγγελμα αὐτοῦ προσδοκῶμεν, ἐν οἷς δικαιοσύνη κατοικεῖ.

14 Διό, ἀγαπητοί, ταῦτα προσδοκῶντες, σπουδάσατε ἄσπιλοι καὶ ἀμώμητοι αὐτῷ εὑρεθῆναι ἐν εἰρήνῃ.

15 καὶ τὴν τοῦ Κυρίου ἡμῶν μακροθυμίαν σωτηρίαν ἡγεῖσθε, καθὼς καὶ ὁ ἀγαπητὸς ἡμῶν ἀδελφὸς Παῦλος κατὰ τὴν αὐτῷ δοθεῖσαν σοφίαν ἔγραψεν ὑμῖν·

16 ὡς καὶ ἐν πάσαις ταῖς ἐπιστολαῖς, λαλῶν ἐν αὐταῖς περὶ τούτων, ἐν οἷς ἐστι δυσνόητά τινα, ἃ οἱ ἀμαθεῖς καὶ ἀστήρικτοι στρεβλοῦσιν, ὡς καὶ τὰς λοιπὰς γραφάς, πρὸς τὴν ἰδίαν αὐτῶν ἀπώλειαν.

17 ὑμεῖς οὖν, ἀγαπητοί, προγινώσκοντες φυλάσσεσθε, ἵνα μὴ τῇ τῶν ἀθέσμων πλάνῃ συναπαχθέντες, ἐκπέσητε τοῦ ἰδίου στηριγμοῦ.

18 αὐξάνετε δὲ ἐν χάριτι καὶ γνώσει τοῦ Κυρίου ἡμῶν καὶ σωτῆρος Ἰησοῦ Χριστοῦ. αὐτῷ ἡ δόξα καὶ νῦν καὶ εἰς ἡμέραν αἰῶνος. ἀμήν.

"Mas nós, segundo a sua promessa, aguardamos novos céus e nova terra, em que habita a justiça. Pelo que, amados, aguardando estas coisas, procurai que dele sejais achados imaculados e irrepreensíveis em paz e tende por salvação a longanimidade de nosso Senhor, como também o nosso amado irmão Paulo vos escreveu, segundo a sabedoria que lhe foi dada, falando disto, como em todas as suas epístolas, entre as quais há pontos difíceis de entender, que os indoutos e inconstantes torcem e igualmente as outras Escrituras, para sua própria perdição. Vós, portanto, amados, sabendo isto de antemão, guardai-vos de que, pelo engano dos homens abomináveis, sejais juntamente arrebatados e descaiais da vossa firmeza; antes, crescei na graça e conhecimento de nosso Senhor e Salvador Jesus Cristo. A ele seja dada a glória, assim agora como no dia da eternidade. Amém!"

Aqui, Pedro mostra que a espera pelos novos céus e pela nova terra era uma mensagem apostólica com base nas Escrituras do AT, mas que alguns indoutos (ἀμαθεῖς = *amatheis* = "sem educação", "não discipulados") e inconstantes (ἀστήρικτος = *astēriktos* = "fracos", "instáveis") estavam sendo distorcidos em razão do caráter complexo (δυσνόητά = *disnoēta* = "difícil de entender") dos ensinamentos paulinos sobre as últimas coisas.

Em outro texto, o apóstolo Pedro também corrige um falso ensino a respeito das últimas coisas:

II Pedro, 3: 1-7 – A certeza da vinda do Senhor
1 Ταύτην ἤδη, ἀγαπητοί, δευτέραν ὑμῖν γράφω ἐπιστολήν, ἐν αἷς διεγείρω ὑμῶν ἐν ὑπομνήσει τὴν εἰλικρινῆ διάνοιαν,

2 μνησθῆναι τῶν προειρημένων ῥημάτων ὑπὸ τῶν ἁγίων προφητῶν, καὶ τῆς τῶν ἀποστόλων ἡμῶν ἐντολῆς, τοῦ Κυρίου καὶ σωτῆρος·

3 τοῦτο πρῶτον γινώσκοντες, ὅτι ἐλεύσονται ἐπ' ἐσχάτου τῶν ἡμερῶν ἐμπαῖκται, κατὰ τὰς ἰδίας αὐτῶν ἐπιθυμίας πορευόμενοι,

4 καὶ λέγοντες, Ποῦ ἐστιν ἡ ἐπαγγελία τῆς παρουσίας αὐτοῦ; ἀφ' ἧς γὰρ οἱ πατέρες ἐκοιμήθησαν, πάντα οὕτω διαμένει ἀπ' ἀρχῆς κτίσεως.

5 λανθάνει γὰρ αὐτοὺς τοῦτο θέλοντας, ὅτι οὐρανοὶ ἦσαν ἔκπαλαι, καὶ γῆ, ἐξ ὕδατος καὶ δι' ὕδατος συνεστῶσα τῷ τοῦ Θεοῦ λόγῳ,

6 δι' ὧν ὁ τότε κόσμος ὕδατι κατακλυσθεὶς ἀπώλετο·

7 οἱ δὲ νῦν οὐρανοὶ καὶ ἡ γῆ τῷ αὐτῷ λόγῳ τεθησαυρισμένοι εἰσί, πυρὶ τηρούμενοι εἰς ἡμέραν κρίσεως καὶ ἀπωλείας τῶν ἀσεβῶν ἀνθρώπων.

"Amados, escrevo-vos, agora, esta segunda carta, em ambas as quais desperto com exortação o vosso ânimo sincero, para que vos lembreis das palavras que primeiramente foram ditas pelos santos profetas e do mandamento do Senhor e Salvador, mediante os vossos apóstolos, sabendo primeiro isto: que nos últimos dias virão escarnecedores, andando segundo as suas próprias concupiscências e dizendo: Onde está a promessa da sua vinda? Porque desde que os pais dormiram todas as coisas permanecem como desde o princípio da criação. Eles voluntariamente ignoram isto: que pela palavra de Deus já desde a antiguidade existiram os céus e a terra, que foi tirada da água e no meio da água subsiste; pelas quais coisas pereceu o mundo de então, coberto com as águas do dilúvio. Mas os céus e a terra que agora existem pela mesma palavra se reservam como tesouro e se guardam para o fogo, até o Dia do Juízo e da perdição dos homens ímpios."

Percebe-se, nesse trecho, que já existia uma espécie de negação da vinda do Senhor e um desdém para com a doutrina das últimas coisas, o que Pedro corrige mostrando que as questões de tempo e ocasião dos acontecimentos não nos pertencem, mas que podem acontecer e se acelerar conforme a vontade do Senhor. Esses embates se intensificaram na era pós-apostólica, e a Igreja precisou formular de forma dogmática as doutrinas fundamentais da fé cristã, primeiramente por meio de credos e, depois, de concílios.

I, II e III João

O apóstolo João também nos fala dos últimos dias como inaugurados e que o espírito do anticristo, ou seja, de oposição ao Messias, inicia sua manifestação antes de sua personificação total, na pessoa do anticristo. Leiamos a passagem:

1 João, 2: 18 – A vinda do anticristo

Παιδία, ἐσχάτη ὥρα ἐστί, καὶ καθὼς ἠκούσατε ὅτι ὁ ἀντίχριστος ἔρχεται, καὶ νῦν ἀντίχριστοι πολλοὶ γεγόνασιν· ὅθεν γινώσκομεν ὅτι ἐσχάτη ὥρα ἐστίν.

"Filhinhos, é já a última hora; e, como ouvistes que vem o anticristo, também agora muitos se têm feito anticristos; por onde conhecemos que é já a última hora."

Duas expressões importantes ocorrem nessa passagem: o termo *anticristos* (ἀντίχριστος) – *anti* = "que se opõe" + *christos* (χριστος – no hebraico = מָשִׁיחַ (*māšîaḥ*). A outra é a palavra grega relacionada às últimas coisas – *eschatē hōra* (ἐσχάτη ὥρα) = "última hora". Embora essa passagem costume ser associada a um pensamento da Igreja Primitiva, de que Jesus voltaria logo naqueles dias, a exegese não precisa ser necessariamente essa. Pensemos que, na mentalidade judaica joanina, a vinda do Messias inaugura "os últimos dias". O povo de Israel esperou pelo seu messias por tanto tempo e, agora (*nyn*–νῦν), ele veio. Portanto, inicia-se o último período da história da salvação, até que ele volte em sua glória. O comentário de Kistemaker (2006, p. 365-366) esclarece a interpretação da passagem:

> *Era. Nesse versículo, João declara que estamos vivendo a última hora. O termo hora não pode ser tomado literalmente. Apesar de a frase a última hora aparecer apenas aqui em todo Novo Testamento, ela parece ser equivalente às expressões os últimos dias ou os últimos tempos (ver, entre outras passagens, At 2.17; Hb 1.2; Tg 5.3; 1Pe 1.20).*
>
> *O que João quer dizer quando usa o termo "a última hora"? Se entendermos essas palavras figurativamente e as interpretarmos como um longo período de tempo, ou seja, uma era, temos que especificar se o termo se refere ao período que começou com a ascensão de Jesus e termina com sua volta ou aos últimos dias antes da volta de Jesus. Se adotamos o segundo ponto de vista e dizemos que "última hora" representa os últimos dias antes do fim dos tempos, precisamos explicar esse atraso de quase dois milênios que ocorreu desde que João escreveu sua epístola.*
>
> *[...] João parece indicar que o período entre a primeira e a segunda vinda de Jesus é "a última hora".*

Essa concepção de *já* e de *ainda não* foi importante no desenvolvimento posterior da doutrina escatológica: o *já* significa que o Reino de Deus está inaugurado com o evento da morte e ressureição do Messias, mas o *ainda não* significa que a manifestação plena do Reino ainda não chegou. Nos estudos escatológicos, podemos dizer que há uma concordância sobre o *já*; **o debate resume-se ao** *ainda não* e aos eventos que ocorrem até que a manifestação plena do Reino de Deus ocorra.

Judas

Irmão de Jesus e apóstolo tardio, escreve alertando sobre falsas doutrinas que estavam sendo inseridas na Igreja. Texto também breve, com algumas citações valorosas para a doutrina das últimas coisas:

Judas, 14 e 15 – O livro de Enoque e do juízo vindouro aos ímpios

προεφήτευσε δὲ καὶ τούτοις ἕβδομος ἀπὸ Ἀδὰμ Ἐνὼχ λέγων, Ἰδοὺ, ἦλθε Κύριος ἐν μυριάσιν ἁγίαις αὐτοῦ, ποιῆσαι κρίσιν κατὰ πάντων, καὶ ἐξελέγξαι πάντας τοὺς ἀσεβεῖς αὐτῶν περὶ πάντων τῶν ἔργων ἀσεβείας αὐτῶν ὧν ἠσέβησαν, καὶ περὶ πάντων τῶν σκληρῶν ὧν ἐλάλησαν κατ' αὐτοῦ ἁμαρτωλοὶ ἀσεβεῖς.

"Mas foi profetizado a respeito destes pelo sétimo de Adão, Enoque, dizendo: Eis que vem o Senhor com suas santas miríades, para exercer juízo contra todos, e para condenar todos os ímpios, por causa das obras de impiedade que praticaram, e também a respeito dos pronunciamentos rudes que esses mesmos pecadores ímpios pronunciaram."

Judas, 17 e 18 – O ensino apostólico sobre as últimas coisas encontrado em II Pedro, 3: 3

Ὑμεῖς δέ ἀγαπητοί, μνήσθητε τῶν ῥημάτων τῶν προειρημένων ὑπὸ τῶν ἀποστόλων τοῦ Κυρίου ἡμῶν Ἰησοῦ Χριστοῦ· ὅτι ἔλεγον ὑμῖν, ὅτι ἐν ἐσχάτῳ χρόνῳ ἔσονται ἐμπαῖκται, κατὰ τὰς ἑαυτῶν ἐπιθυμίας πορευόμενοι τῶν ἀσεβειῶν.

"Mas vós, amados, permanecei nas palavras que anteriormente predisseram os apóstolos do nosso Senhor Jesus Cristo; porque vos disseram: no último tempo virão escarnecedores, conforme os seus próprios desejos, andando segundo a própria impiedade deles."

Apocalipse

Muitos textos neotestamentários ensinam sobre a doutrina das últimas coisas; porém, não há sombra de dúvida de que o texto mais significativo e debatido em toda a história da doutrina escatológica é o livro do Apocalipse de João. Escrito em linguagem simbólica, com uma quantidade ímpar de alusões a figuras, textos, interpretações e fontes por nós desconhecidas, o livro é, na opinião unânime dos teólogos, o mais difícil da Bíblia. Segundo Gentry Jr. (2005, p. 207), "Como é facciosamente lamentado: onde quer que se encontre cinco comentaristas do Apocalipse, descobrirá seis diferentes pontos de vista".

Sobre as dificuldades do livro, McGinn (citado por Alter; Kermode, 1997, p. 568) comenta: "O Apocalipse de João foi, provavelmente, ao menos em parte, misterioso até mesmo para seu público primitivo".

Na era pós-apostólica, os debates acontecem em torno da esperança do cumprimento pleno da manifestação do Reino: Quando ocorrerá? Quais eventos indicam sua proximidade? Haverá eventos intermediários ou não? É o que veremos nos próximos tópicos.

1.3.2 Fontes extrabíblicas

As fontes extrabíblicas principais de contato entre o cristianismo e o judaísmo são do principal grupo judaico, chamado *judaísmo rabínico*, que aceita a Lei Escrita e a Lei Oral como fontes de autoridade. O judaísmo rabínico utiliza um *corpus* de fontes escritas que era comum a vários grupos judaicos anteriores a 70 d.C., mas que, depois dessa data, passou a ser apropriado somente pelo grupo de linha farisaíca rabínica. O conhecimento dessas fontes é importante tanto para conhecer o judaísmo rabínico quanto para entender melhor o NT e as fontes cristãs primitivas.

O ponto fundamental do judaísmo rabínico é a centralidade da tradição, conforme o conhecido trecho da Mishná (Pirqey Avot 1,1, tradução nossa[42]): "Moisés recebeu a Toráh no Sinai e deu a Josué; e Josué, aos anciãos; e os anciãos, aos profetas; e os profetas deram aos homens da Grande Assembleia".

Aqui, verificamos a necessidade da fundamentação de uma origem ininterrupta de transmissão.

As **fontes judaicas** que são importantes para a constatação da intertextualidade com as fontes cristãs são as seguintes:

- **Tanach**, a própria Bíblia Hebraica – A Tanach (Bíblia Hebraica/Aramaica) do judaísmo rabínico é idêntica à Bíblia protestante em número de livros, porém a ordem de arranjo é diferente. Divide-se em: *Toráh* (Lei), *Nevîym* (Profetas, de Josué a Malaquias) e *Ketuvîm* (Escritos, Salmos, Jó, Provérbios etc.). O entendimento que os rabinos têm sobre a Tanach, contudo, é diferente do entendimento protestante. Para o judaísmo

---

42 משה קיבל תורה מסיניי, ומסרה ליהושוע, ויהושוע לזקנים, וזקנים
לנביאים, ונביאים מסרוה לאנשי כנסת הגדולה

rabínico, a *Toráh shebekhykhtav* (Toráh escrita) é central e contém tudo; os outros livros são tidos apenas como parte da tradição de interpretação.

Na leitura semanal da Toráh, é realizada, ainda, a leitura da *haftará* (conclusão), em que outra parte das Escrituras também é analisada. Essa leitura, no entanto, não abrange toda a Tanach, somente breves trechos relacionados à leitura semanal da Toráh.

- **Targumim** – Traduções aramaicas interpretativas (séc. II a.C. a VI d.C).
- **Midrashim** – As mais antigas interpretações homiléticas de textos do AT (60-140 d.C.).
- **Mishná** – Texto de comentário sobre questões difíceis da Toráh[43] (200-220 d.C.). Segundo Epstein (2009, p. 131):

> *Com o aparecimento dos saduceus, que não só negavam o caráter obrigatório da lei oral, mas opunham o texto escritural às interpretações transmitidas pelos fariseus, havia pouca vantagem em apelar para o texto escrito em apoio das tradições orais. O necessário era a construção de um sistema definido, de diretivas consideradas obrigatórias, em virtude da autoridade que emanavam. Desta forma, pelo fim do século I a.e.c., a Mishná começou a ter preferência sobre o Midrash, mesmo em conexão com ensinamentos haláchicos que eram diretamente derivados da Escritura. Aqueles que se especializaram no ensino da Mishná foram chamados tanaim, da raiz aramaica correspondente à hebraica da qual o termo Mishná deriva.*

A mishná foi escrita em hebraico, tem seis ordens (*sedarim*), cada uma chamada de *masséchet*, totalizando 63 *massechtot*.

---

43 Sobre as ordens da Mishná, veja o Apêndice C.

- **Tosseftá (220 d.C.)** – Opiniões contrárias não inseridas no Talmude. Segundo nos informa Steinsaltz (1989, p. 54-55),

  O rabi Hiya e o rabi Oshaia, seus mais iminentes discípulos [discípulos do rabi Judá], compilaram diversas coletâneas adicionais de lei oral, das quais sobreviveu como livro independente a obra conhecida como Tossefta (literalmente "acréscimo"). Também essa é uma versão resumida da lei oral, mas baseia-se no método de uma academia diferente, a do rabi Neemias, que era um dos discípulos de Akiva. Os midrashei halacha (exegeses haláchicas), que elucidavam e encareciam os laços entre as leis escrita e oral, foram compilados e redigidos nesses anos. As halachot isoladas e combinações de material tanaítico fora da Mishnah são conhecidas como baraitot (ensinamentos exteriores), isto é, material extrínseco. A abundância desse material é ilustrada por uma interpretação alegórica do Cântico dos Cânticos: "Sessenta rainhas – são os sessenta tratados [da Mishnah]; oitenta concubinas – as tossefot; um sem número de virgens – as halachot."

- **Guemará** (*Talmude Ierushalmi* – de Jerusalém – 400 d.C.) – Comentário da Mishná, o próprio Talmude.
- **Guemará** (*Talmude Bavly* – Babilônico – 500 d.C.) – Comentário da Mishná, o próprio Talmude. Sobre o Talmude[44], vejamos:

  Do verbo lamad, aprender (prefixo tav), o Talmud significa o estudo, a aprendizagem ou o ensinamento para seguir a Torá e ser um verdadeiro discípulo. O Talmud Torá é o estudo da Torá, aquele ou aquilo que procura ser discípulo da Torá. O Talmud é composto por dois elementos principais: a Mishná e a Guemará, dos quais decorre a Halachá (lei normativa). Exclusivamente oral, o Talmud foi transcrito pelos fariseus e

---

44 Veja as divisões do Talmude Babilônico no Apêndice D.

> *seus discípulos, em língua aramaica, do século II ao V, sobretudo após o drama da destruição do Templo por Tito.*
>
> *Essa longa redação foi feita em dois locais. Em primeiro lugar na Palestina, nas cidades da Galiléia, Tzipori e Tiberíades: é o Talmud Yerushalmi, Talmud de Jerusalém. Posteriormente na Babilônia: é o Talmud Babli, Talmud da Babilônia. Este é citado pelo número da folha seguido de "a" para reto e de "b" para verso. O Talmud de Jerusalém é citado por dois algarismos sucessivos, capítulo e parágrafo. Quando se fala do Talmud, em geral trata-se do Talmud da Babilônia.* (Miranda; Malca, 2001, p. 87)

Ainda sobre a formação do Talmude:

> *As atividades intensivas dos amoraim da Babilônia atingiam o seu ápice sob Abaiê (283-338) e o seu oponente haláchico Raba (299-352), cujas dialéticas, de elevado nível, estabeleceram o modelo para os estudos efetuados na Babilônia. Camada após camada de materiais haláchicos e agádicos continuaram a acumular-se durante várias gerações que se seguiram, cada geração interpretando, discutindo e argumentando sobre as opiniões e julgamentos das gerações precedentes. A massa de tradições e ensinamentos transmitidos oralmente que se acumulara com a passagem dos séculos assumia tais proporções, que chegara o momento da redação do vasto material, envolvendo a seleção, sumarização e arranjo sistemático do conjunto, de acordo com os vários tratados da Mishná.* (Epstein, 2009, p. 148)

- **Cabala** – Sobre a Cabala, Scholem (1972, p. 19) afirma:

> *Cabala, cumpre lembrar, não é o nome de um certo dogma ou sistema, mas antes o termo geral atribuído a todo um movimento religioso em si. Este movimento, com cujas etapas e tendências principais precisaremos familiarizar-nos, tem se desenvolvido desde os tempos talmúdicos*

até os dias de hoje; seu desenvolvimento foi ininterrupto, embora de forma alguma uniforme, e muitas vezes dramático. Vai do Rabi Akiva, que, segundo o Talmud, deixou o "Paraíso" da especulação mística são e salvo, tal como nele penetrara – o que não se pode, na verdade, dizer de todos os cabalistas – ao falecido Rabi Abraham Isaak Kook, o líder religioso da comunidade judaica da Palestina e um esplêndido espécime de místico judeu.

Trata-se de textos da mística judaica do século XIII d.C., mas que contêm tradições antigas messiânicas e escatológicas de grande importância para a intertextualidade com o NT. Entre os livros mais influentes da *qabalah* estão o *Sefer haYetsirah* (*Livro da Criação*) e o *Sefer haZohar* (*Livro do Resplendor*). O *Zohar*, durante vários séculos, alcançou o mais alto nível de relevância para os judeus, como a Bíblia e o Talmud (Scholem, 1972). Segundo Scholem (1972), o livro é obra de um único autor incerto, talvez Moisés de Leon. O tipo de interpretação é grandemente místico, utilizando-se principalmente da facilidade da língua hebraica de formar palavras e do valor numérico das letras.

- **Bahir** (França – 1175 d.C.) – Também conhecido como o *Midrash do Rabi Nehuniah ben Hakana* (I-II séc.d.C.).
- **Textos medievais** – Restritos àqueles que têm semelhanças com a interpretação cristã.

Como o escopo desta obra é introdutório e com foco nas doutrinas escatológicas, comentaremos brevemente os textos que consideramos mais importantes para o conhecimento do pano de fundo judaico nas interpretações neotestamentárias.

- **Targumim** – Textos em aramaico que traduzem o AT de forma interpretativa.

Os textos targúmicos mais conhecidos são: o Targum de Ônquelos (TO) para a Toráh e o Targum de Jônatas (TJ). A disputada passagem do TJ em Isaías, 52:13 tem a seguinte leitura:

••

הָא יַצְלַח עַבְדִי מְשִׁיחָא יְרָאם וְיִסְגֵי וְיִתְקַף לַחֲדָא:

"Eis que prosperará meu servo, o Messias, será grande e será forte e muito poderoso."
••

Sobre a interpretação targúmica, Bowker (2009, p. 8, tradução nossa) esclarece:

> *A necessidade de encontrar formas de aplicar a revelação passada ao presente era inescapável, desde que esta foi a forma, frequentemente mais do que qualquer outra, de que a imediação de Deus poderia ser mantido em Israel. Isto certamente teve seus efeitos na tradução. Isto já é aparente na LXX; mas é muito mais aparente nos Targums. Os Targums, como a LXX, seguem o texto Hebraico verso a verso, mas eles incorporam em sua representação do texto uma grande quantidade de explanação e interpretação. Desta forma o texto e sua interpretação são entrelaçados, e a interpretação frequentemente extende e amplifica o texto grandemente.*

Esses textos constituem o primeiro tipo de texto interpretativo encontrado na tradição judaica. Pela semelhança da intepretação targúmica com a neotestamentária e a rabínica, percebemos uma tradição comum de interpretação sobre as questões messiânicas e escatológicas que formaram a base do ensino doutrinário apostólico sobre as últimas coisas.

- **Midrashim** – Textos que tomam algum livro do AT como base e fazem interpretações messiânicas e simbólicas. Espécies de sermões alegóricos do AT.
De acordo com o judaísmo rabínico, os primeiros midrashim são obra do próprio Esdras. Para fundamentar essa posição, citam o texto de Esdras, 7: 10: "Porque Esdras tinha preparado o seu coração para buscar (לדרוש – *lidrôsh*) a lei do Senhor e para cumprir e ensinar em Israel os seus Estatutos e os seus direitos". Como aponta Casper (1964, p. 11), "posteriormente, a partir da mesma raiz, os rabinos criaram a palavra Midrash, significando a exposição da Escritura".
Há dois tipos de midrashim: o midrash haláchico, relacionado à interpretação de aspectos legais, e o midrash agádico, relacionado a partes não legais da Escritura. Os midrashim comentavam a Escritura versículo por versículo ou palavra por palavra.
Os midrashim eram textos interpretativos que buscavam ensinos em textos das Escrituras Hebraicas que nem sempre estavam claros ao leitor comum. Criou-se, então, um método de interpretação no judaísmo rabínico posterior utilizando as bases interpretativas midráshicas e deu-se o nome a esse método interpretativo de **PaRDeS**, um acrônimo de *paraíso*, com as letras do alfabeto hebraico, leia-se da direita para a esquerda (SDRP):

פשט **P**eshat ("sentido primário do texto") – Sentido óbvio, literal, do texto.

רמז **R**emez ("alusão") – Características peculiares no texto são sugestões para uma interpretação mais profunda.

דרש **D**erash ("interpretação comparativa, analógica") – Busca sentidos escondidos, não tão claros no texto.

סוד **S**od ("interpretação alegórica") – Busca sentidos ocultos, místicos.

••

Os midrashim utilizam mais o método *derash* e, algumas vezes, o *remez*.

Ao entendermos o NT como um texto judaico, passamos a compreender melhor as formas de citação e análise que este faz das Escrituras hebraicas. As interpretações que nos parecem estranhas são usos desse *corpus* de tradição interpretativa de literatura, em princípio semelhantes ao *pardes*. Tais métodos eram comuns na época neotestamentária, o que se evidencia por seu uso também em Qumran.

Além dessas fontes, os comentários medievais dos grandes sábios judeus também nos servem de intertextualidade no entendimento das doutrinas escatológicas. Esses sábios produziram o que é conhecido como *Responsa* – espécie de perguntas frequentes respondidas para a comunidade. Entre os principais sábios que produziram esse material estão:

- **Saadia Gaon** (سعيد بن يوسف الفيومي סעיד בן יוסף אלפיומי Sa'īd bin Yūsuf al-Fayyūmi) – 882-942, Dijaz, Fayyum, Egito. Filósofo, lexicógrafo (primeiro dicionário hebraico), tradutor da Bíblia para o Árabe.
- **Rashi** (Rabi ShlomoYitzhaki רבי שלמה יצחקי – רש"י) – 1040-1105, França. Autor dos primeiros comentários sobre o Talmud, a Toráh e a Tanach.

- **Maimônides** (Rambam רמב"ם Rabi Moshé Ben Maimon רבי משה בן מיימון) – 1135-1204, Córdoba, Espanha. Médico, filósofo e sintetizador das discussões talmúdicas.
- **Ibn Ezra** (Rabi ראב"ע Avraham Ibn Ezra' אברהם אבן עזרא) – 1093-1167, Espanha. Poeta, gramático, exegeta, matemático, astrônomo e comentarista.
- **Kimchi** (Radaq רד"ק רבי דוד קמחי) – 1160-1235, França. Filósofo, gramático e comentarista.
- **Nachmânides** (Rabi Moshében Nachman רבי משה בן נחמן) – 1194-1270. Médico, comentarista e grande cabalista judaico.
- **Seforno** (Ovadia Seforno עובדיה ספורנו) – 1470-1550 Cesena, Itália. Filósofo e grande comentarista judaico.
- **Elijah de Wilno** (ר' אליהו בן שלמה זלמן) – 1720-1797, Vilna, Lituânia. Talmudista, halachista, comentarista e cabalista
- **Shamshon Raphael Hirsch** – 1808-1888, Hamburgo, Alemanha. Filósofo, comentarista.
- **Nehama Leibowitz** (נחמה ליבוביץ') – 1905-1997, Riga, Rússia. Educador e comentarista.
- **Livros apócrifos**, principalmente os apocalípticos: I Enoque, IV Esdras, II Baruque etc.

O termo *apócrifo* era usado com o sentido de *oculto, secreto*. É uma palavra de origem grega (*apocryfos*[45]) que, antigamente, era empregada para se referir às escrituras de religiões de mistério e de iniciação, ou seja, aos livros escondidos de religiões esotéricas que só iam sendo revelados à medida que o iniciado passava por certos estágios de elevação.

No judaísmo rabínico, utliza-se o vocábulo *ḥîtsôn* (חיצון, que significa "externo", "herético") ou a expressão *sefârîm harîtsônîm*

---

45 Sobre os termos *apócrifo, cânon* e *pseudoepígrafes*, veja o Apêndice B.

(ספרים החצונים), ou seja, "livros externos" (Francisco, 2008). Segundo Miller & Huber (2006, p. 58):

> No início do quinto século, quando preparava a sua grande tradução latina da Bíblia (a Vulgata), Jerônimo inclui livros da Septuaginta que não estavam no cânon hebraico. Mas, em prefácios separados, ele esclareceu que esses livros não eram canônicos; ele foi o primeiro a chamá-los de "apócrifos". Os prefácios de Jerônimo foram posteriormente retirados, e os livros apócrifos foram incorporados ao cânon católico. Os católicos, atualmente, se referem a esses livros chamando-os de deuterocanônicos, que significa "adicionados" posteriormente ao cânon.

Os textos apocalípticos são especialmente importantes para o paralelo interpretativo de várias visões escatológicas e para os símbolos utilizados pelos escritores do NT. Um exemplo relevante desses textos apocalípticos pode ser visto nas seguintes citações do Livro de Enoque Etíope ou I Enoque[46]:

> E ele me respondeu e disse, "Este é o Filho do Homem, a quem pertence a justiça e com quem habita a retidão. E ele abrirá todos os depósitos ocultos, pois o Senhor dos Espíritos o escolheu, e ele está destinado a ser vitorioso diante do Senhor dos Espíritos em fidelidade eterna."
> (I Enoque, 46: 3)

> Nesses dias, o sheol devolverá tudo o que ele recebeu e o inferno devolverá tudo o que ele deve. 2 E ele escolherá os justos e os santos dentre (os levantados da morte), pois o dia quando eles serão selecionados e salvos tem chegado. (I Enoque, 51: 1-2)

Um bom leitor do NT percebe as semelhanças de fraseologia e temas presentes entre I Enoque e Evangelhos, no caso da expressão

---
46 A tradução é a publicada pela Editora Entre os Tempos (veja Isaac, 2015).

o Filho do Homem (46: 3), e a forte similaridade que temos em I Enoque, 51: 1-2 com o trecho de Apocalipse, 20: 13-14:

καὶ ἔδωκεν ἡ θάλασσα τοὺς ἐν αὐτῇ νεκρούς, καὶ ὁ θάνατος καὶ ὁ ᾅδης ἔδωκαν τοὺς ἐν αὐτοῖς νεκρούς· καὶ ἐκρίθησαν ἕκαστος κατὰ τὰ ἔργα αὐτῶν. καὶ ὁ θάνατος καὶ ὁ ᾅδης ἐβλήθησαν εἰς τὴν λίμνην τοῦ πυρός· οὗτος ἐστιν ὁ δεύτερός θάνατος.

"E deu o mar os mortos que nele havia; e a morte e o inferno deram os mortos que neles havia; e foram julgados cada um segundo as suas obras. E a morte e o inferno foram lançados no lago de fogo. Esta é a segunda morte."

Vale lembrar que a palavra grega *hadēs* (ᾅδης) é a tradução comum para a palavra hebraica *shə'ôl* (שְׁאוֹל), reforçando, assim, a semelhança entre o texto de I Enoque e o Apocalipse de João[47].

1.3.3 Escatologia rabínica

> A escatologia rabínica, formada principalmente após o século II e III d.C., mantém, em certas passagens, interpretações escatológicas parecidas com as do NT. Contudo, negam a aplicação escatológica feita a Jesus pelo NT. Fizeram adaptações interpretativas dos textos de modo a se adequarem à sua religião. Nesse ponto, se distinguem da interpretação escatológica neotestamentária.
>
> Um estudo das interpretações rabínicas, pode ajudar a buscar as fontes comuns antigas. Os textos rabínicos são: A Mishná, O Talmude (Guemará),

---

47 Não significa, contudo, que o Apocalipse de João tivesse em mente o texto de I Enoque, mas que ambas as tradições interpretativas se utilizaram de fontes comuns aos vários tipos de judaísmo presentes no primeiro século.

Tosseftá (Acréscimos ao Talmude) e Comentários Medievais. (Ribeiro Neto, 2019)

Esse estudo intertextual ainda está em progresso, embora tenha avançado consideravelmente nos últimos anos. Durante muito tempo, em razão do distanciamento entre judaísmo rabínico e cristianismo, esse estudo intertextual só se fez mais presente após os achados dos manuscritos do mar morto, que revelaram que havia várias fontes comuns entre os diversos tipos de judaísmo do primeiro século.

1.3.4 Cosmovisão messiânica intertextual entre as fontes judaico-cristãs

O cristianismo, do primeiro século até começo do segundo século, tem fortes semelhanças com várias fontes judaicas, principalmente no tipo de interpretação comum àquele período, por isso a importância de verificar essa relação intertextual, o que será feito nos tópicos seguintes, que apresentam os pontos de contato.

Tipo de interpretação semelhante a do Novo Testamento
Até os achados dos Manuscritos do Mar Morto, havia uma disputa entre a visão messiânica neotestamentária e a rabínica, cada qual advogando para si a exclusividade da interpretação dos textos da Bíblia Hebraica e rechaçando a rival como posterior e herética. A partir de 1948, com os achados no deserto da Judeia de manuscritos contendo quase todos os livros da Bíblia Hebraica, textos da comunidade de Qumran e um novo tipo de intepretação até então desconhecido, o *pesher*, os estudos da Bíblia Hebraica, do NT e das religiões judaica e cristã tiveram um acréscimo de entendimento sobre as tradições comuns dos vários tipos de judaísmo do

primeiro século. Os textos de Qumran tornaram-se o que se denomina *tertium comparationis*, ou seja, uma terceira voz para ser o equilíbrio em uma polêmica.

A vinda do Messias

Embora o cristianismo e o judaísmo divirjam na questão de o Messias já ter vindo ou não, ambas as tradições entendem que há uma vinda literal, ou seja, o Messias não é um conceito, mas uma pessoa real que virá no fim dos dias para reinar como rei sobre Israel e as nações. Segundo Schochet (1992, p. 17):

> A crença na vinda de Mashíach e na redenção Messiânica é um dos princípios fundamentais da fé judaica. Todo judeu deve acreditar que Mashíach surgirá e restaurará o Reino de David em seu estado e soberania originais, reconstruirá o Bet Hamicdash (Templo Sagrado de Jerusalém), reunirá os dispersos de Israel, e em seus dias, todas as leis da Torá serão reinstituídas, como tinham sido nos tempos antigos.

Uma era messiânica, um reino messiânico

Outro ponto de contato entre o cristianismo e o judaísmo é a crença em uma era messiânica[48], um cumprimento das promessas dos profetas de que haverá um tempo em que se restaurará Jerusalém e o Reino de Davi. Novamente, Schochet (1992, p. 17) esclarece essa questão no judaísmo:

> Mashíach restaurará o Bet Hamicdash em Jerusalém. Isto faz referência ao terceiro Bet Hamicdash, que ficará em pé para sempre, cumprindo-se

---

48 Mesmo o amilenismo que não entende uma era de paz nessa terra, acredita que Jesus governará eternamente como rei após a consumação de todas as coisas.

a profecia Divina de Ezequiel 37: 26-28: *"Eu darei o Meu Santuário no meio deles para sempre. Meu lugar de moradia ficará sobre eles... As nações saberão que eu sou D-us[49] que santifica Israel, quando Meu Santuário ficar no meio deles, para sempre".*

Paz mundial sob o reinado do Messias

Tanto o judaísmo rabínico quanto o cristianismo entendem que o Messias trará um reinado de paz mundial, em que não haverá mais doenças e os males que atualmente assolam a humanidade. No NT, esse conceito é revelado pela expressão *Reino de Deus*; no judaísmo, é chamado de *reino messiânico* ou *era messiânica*. "A consciência e o conhecimento de Deus removerão as disposições das mentes estreitas que provocam as lutas e a guerra. Será uma era de paz e harmonia – na Terra Sagrada e no mundo inteiro" (Schochet, 1992, p. 25).

Salvação para os justos e condenação para os injustos

Embora o judaísmo não seja mais uma religião missionária, em sua teologia também comporta um entendimento de Juízo Final para os ímpios.

---

49 Forma judaica de escrever Deus em português de modo a honrar mesmo o termo em outra língua.

Estudo de caso
A intertextualidade do Apocalipse de João (1: 4-7) com as profecias e as figuras da Bíblia Hebraica

> 4 João, às sete igrejas que estão na Ásia: Graça e paz seja convosco da parte **daquele que é, e que era, e que há de vir**, e da dos **sete Espíritos** que estão diante do seu trono; 5 e da parte de Jesus Cristo, que é a **fiel testemunha, o primogênito dos mortos** e o **príncipe dos reis da terra**. Àquele que nos ama, e em seu sangue nos lavou dos nossos pecados, 6 e nos fez reis e sacerdotes para Deus e seu Pai, a ele, glória e poder para todo o sempre. Amém! 7 Eis que vem com as nuvens, e todo olho o verá, **até os mesmos que o traspassaram; e todas as tribos da terra se lamentarão sobre ele**. Sim! Amém! (Apocalipse, 1: 4-7, grifo nosso)

Em posse de uma Bíblia de Estudos[50] ou de uma Bíblia simples com referências cruzadas, é possível perceber as alusões diretas e indiretas entre o Apocalipse de João e os textos veterotestamentários, conforme podemos salientar:

Vers. 4: Daquele que é, e que era, e que há de vir – Referência ao texto de Êxodo, 3: 14, na expressão: *'ehyeh 'ăsher 'ehyeh* (אֶהְיֶה אֲשֶׁר אֶהְיֶה), "eu sou (sempre sou) o que sou (sempre sou)", traduzido na versão grega como *egō eimi ho ōn* ἐγώ εἰμι ὁ Ὢν – "eu sou o que é (está sendo)".

---

50 Nesta abordagem, adotamos para as referências cruzadas a Bíblia de Estudo Almeida Revista e Corrigida (2009), com citações dos textos originais traduzidos por nós.

Vers. 4: Sete espíritos – Pode ser uma referência a Isaías, 11: 2:

וְנָחָה עָלָיו

רוּחַ יְהוָה

רוּחַ חָכְמָה

וּבִינָה

רוּחַ עֵצָה

וּגְבוּרָה

רוּחַ דַּעַת

וְיִרְאַת יְהוָה:

Na tradução a seguir, podemos destacar os sete espíritos ou as sete manifestações do Espírito do SENHOR:

E repousará sobre ele:
O Espírito do **SENHOR**
O Espírito de **Sabedoria**
E de **Entendimento**
Espírito de **Conselho**
E de **Força**
Espírito de **Conhecimento**
E de **Temor** do SENHOR

Vers. 5: Fiel Testemunha – Referência a Isaías, 55: 4:

הֵן עֵד לְאוּמִּים נְתַתִּיו נָגִיד וּמְצַוֵּה לְאֻמִּים:

"Eis que testemunha para as nações o tenho dado, príncipe e comandante para os povos."

Vers. 5: O primogênito dos mortos e o príncipe dos reis da terra – Possível referência a Salmo, 89: 28:

> אַף־אָנִי בְּכוֹר אֶתְּנֵהוּ עֶלְיוֹן לְמַלְכֵי־אָרֶץ׃
>
> "Também eu o darei por primogênito, o mais elevado dos reis da terra."

Vers. 7: Até os mesmos que o traspassaram; e todas as tribos da terra se lamentarão sobre ele – Referência ao texto de Zacarias, 12: 10:

> וְהִבִּיטוּ אֵלַי אֵת אֲשֶׁר־דָּקָרוּ וְסָפְדוּ עָלָיו כְּמִסְפֵּד עַל־הַיָּחִיד וְהָמֵר עָלָיו כְּהָמֵר עַל־הַבְּכוֹר׃
>
> "E olharão para mim o que transpassaram, e lamentarão sobre ele, como a lamentação sobre o filho único, e afligir-se-ão sobre ele como se aflige sobre o primogênito."

Note que um texto escatológico, como o Apocalipse de João, utiliza-se de vários textos proféticos da Bíblia Hebraica. Em um trecho pequeno como esse, destacamos somente algumas referências cruzadas, porém, com ajuda de uma Bíblia de estudo ou referência, é possível encontrar no mesmo texto e em outras partes dos textos escatológicos do NT diversas figuras, símbolos, referências e alusões a outros textos escatológicos do AT.

Síntese

Neste capítulo, abordamos a história da interpretação bíblica tanto do ponto de vista da tradição judaica quanto da tradição cristã.

Também destacamos a importância do conhecimento do tipo de fraseologia e de simbolismo do AT para a compreensão das figuras e dos simbolismos usados no NT em textos escatológicos. Além disso, tratamos da intertextualidade entre os textos judaicos e a hermenêutica cristã adotada pelos escritores do NT no que diz respeito à visão de cumprimento das profecias bíblicas na pessoa e na obra de Jesus Cristo.

Atividades de autoavaliação

1. Quanto ao termo *escatologia*, possível afirmar que se refere ao estudo:
    i) da doutrina das últimas coisas.
    ii) das profecias bíblicas referentes a eventos futuros.
    iii) da doutrina da salvação.
    iv) da doutrina dos anjos.
    v) da doutrina da Igreja.

    Agora, assinale a alternativa que apresenta somente os itens corretos:

    a) I e III.
    b) III e IV.
    c) I e II.
    d) I, II, III, IV e V.
    e) I, II e V.

2. Sobre o estudo do desenvolvimento da doutrina escatológica, é possível afirmar:
    i) Tem importância somente para os estudantes de patrística.
    ii) Tem importância somente para os cientistas da religião.
    iii) Não tem importância para a teologia.

iv) Só é importante para os estudantes de línguas originais da Bíblia que trabalharão com a exposição do livro do Apocalipse.

v) É importante para identificar as bases das discussões teológicas atuais da doutrina.

Agora, assinale a alternativa que apresenta a resposta correta:

a) Todas as afirmativas são falsas.
b) Somente as afirmativas I e II são verdadeiras.
c) As afirmativas I e V são falsas.
d) Somente a afirmativa V é verdadeira.
e) Somente a afirmativa III é verdadeira.

3. Sobre o seguinte texto de Daniel, 9:24, analise as afirmativas que seguem.

....

"Setenta semanas estão determinadas sobre o Teu povo e sobre a Tua santa cidade, para extinguir a transgressão, e dar fim aos pecados, e expiar a iniquidade, e trazer a justiça eterna, e selar a visão e a profecia, e ungir o Santo dos santos."

....

i) É um texto de pouca importância escatológica por se referir a uma época já passada na história de Israel.
ii) Trata-se de um texto fortemente debatido na escatologia cristã.
iii) É um texto usado amplamente no sistema dispensacionalista.
iv) É um texto da escatologia judaica, mas não utilizado na tradição cristã.
v) Constitui um texto apócrifo e, portanto, irrelevante para os estudos escatológicos.

Agora, assinale a alternativa que apresenta somente os itens corretos:

a) II e V.
b) I, III e IV.
c) III e V.
d) II e III.
e) I, II, III, IV e V.

4. Quanto ao período interbíblico, é possível afirmar:
   i) Não existiu tal período, pois a história de Israel continuou.
   ii) É um termo utilizado para se referir ao período em que profetizaram os profetas Isaías, Jeremias e Ezequiel.
   iii) É um período intertestamentário em que ocorreu a formação dos principais grupos judaicos presentes no Novo Testamento.
   iv) É o período entre o Antigo e o Novo Testamento.
   v) É um período considerado de silêncio profético, em que os textos considerados apócrifos pela tradição protestante foram escritos, mas não aceitos pelo cânone judaico.

   Agora, assinale a alternativa que apresenta somente os itens corretos:

   a) III, IV e V.
   b) III e V.
   c) III e IV.
   d) I, III e IV.
   e) II e IV.

5. Leia o texto de I Tessalonicenses, 5: 1-2, a seguir.

....

"Mas, irmãos, acerca dos tempos e das estações, não necessitais de que se vos escreva; porque vós mesmos sabeis muito bem que o Dia do Senhor virá como o ladrão de noite."

....

Sobre a expressão *como o ladrão de noite*, é possível afirmar:

I) Significa a vinda de Jesus nos dias do apóstolo Paulo.
II) Significa a vinda iminente do Senhor Jesus.
III) Trata-se de uma expressão judaica que significa "alguém que vem tardiamente".
IV) Trata-se de uma advertência de Paulo para a vigilância dos crentes em Tessalônica.
V) Trata-se de uma advertência contra a invasão romana no Dia do Senhor.

Agora, assinale a alternativa que apresenta somente os itens corretos:

a) I e II.
b) II e IV.
c) II, III e V.
d) I, II, III, IV e V.
e) II e III.

Atividades de aprendizagem

Questões para reflexão

1. Qual a importância da intertextualidade entre os textos do Antigo Testamento, as tradições rabínicas e os métodos de interpretação da época neotestamentária para a correta interpretação dos textos escatológicos do Novo Testamento?

2. Quais são as semelhanças, ou os pontos de contato, entre a visão judaica a respeito do messias e a visão cristã, e como essa visão contribui para o entendimento da visão escatológica no Novo Testamento?

Atividade aplicada: prática

1. Leia o artigo a seguir e elabore um resumo dos principais termos judaicos contidos no texto que tenham importância para os estudos escatológicos.

LIMA, M. **O judaísmo messiânico.** 2011. Disponível em: <http://www.yeshuachai.org/judaismo-messianico/comment-page-1/>. Acesso em: 5 ago. 2019.

capítulo dois

O debate escatológico do período pós-apostólico à contemporaneidade

02

Neste capítulo, procuraremos mostrar os principais debates escatológicos do período pós-bíblico. Esse período inclui a era pós-apostólica e passa pelo período medieval até chegar à contemporaneidade. Conduziremos a abordagem historicamente por meio dos textos dos principais teólogos da Antiguidade que discutiram as questões escatológicas, analisando como estes interpretaram os textos bíblicos e a que conclusões chegaram sobre eles. O objetivo é situá-lo no debate histórico que formou a base da doutrina escatológica nas tradições posteriores do cristianismo.

Com a morte dos apóstolos, o cristianismo sofreu algo parecido com o que ocorreu com a religião de Israel após a morte do último profeta: a falta de uma fonte autorizada de interpretação dos textos. Dois grupos de textos passaram a existir: as escrituras hebraicas do Antigo Testamento (AT), traduzidas para o grego, e os escritos dos apóstolos como intérpretes autorizados da Bíblia Hebraica.

Mas quem estaria autorizado a interpretar os escritos dos apóstolos? Naquele momento, denominado *período pós-apostólico*, uma multiplicidade de vozes se levantou como discípulos dos apóstolos, tanto na Igreja ocidental quanto na Igreja oriental, e outras muitas se pronunciaram nos vários grupos sectários formados no período, como ebionitas, docetistas, montanistas, gnósticos, jacobitas, nestorianos, coptas e geez. Todos esses grupos produziram escritos interpretativos com abordagens que divergiam entre si e distoavam do grupo de maior representatividade na Igreja do ocidente, causando, assim, vários cismas e interpretações divergentes quanto à doutrina das últimas coisas.

Contudo, a escatologia pós-apostólica não estava muito preocupada em resolver os problemas derivados de seu entendimento dos eventos iniciados por Cristo e presentes na Igreja Cristã, como esclarece Kelly (1994, p. 351):

> *Quatro momentos principais dominam a expectativa escatológica da teologia cristã primitiva – a volta de Cristo (conhecida como parousia), ressurreição, o juízo e o final catastrófico da ordem mundial vigente. No período primitivo, mantinham-se todos esses elementos juntos de forma ingênua e irrefletida, com pouco ou nenhum esforço de desenvolver sus implicações ou solucionar os problemas que eles suscitam.*

Nos tópicos seguintes, verificaremos como o cristianismo formativo do período posterior à morte dos apóstolos interpretou e reinterpretou os textos escatológicos, ampliando e modificando muitos conceitos da doutrina das últimas coisas.

2.1 Escatologia na era pós-apostólica e medieval

No início desse período, nenhum material relevante de comentários escatológicos ou das Escrituras foi produzido. O próprio texto do Novo Testamento (NT) era suficiente para a prática cristã, sem haver, portanto, a necessidade de acrescentar conteúdo aos escritos apostólicos. O surgimento de novas heresias, contudo, começou a mudar esse quadro, pois a Igreja precisava dar uma resposta aos ataques dos grupos que divergiam de sua doutrina e que utilizavam os mesmos textos apostólicos. Segundo Bray (2017, p. 97):

> O período até cerca de 200 d.C. se caracteriza pelo que podemos chamar de exegese pré-sistemática. Antes da época de Orígenes não surgiram comentários das Escrituras, e pouco se fez para tentar oferecer uma exposição metódica de seu conteúdo. Os que chegaram mais perto dessa realização foram pessoas como Marcião, que não conseguiu fazer mais do que rejeitar a maior parte do texto sagrado porque este não se encaixava em sua hermenêutica.

Os primeiros textos surgiram justamente da resposta da Igreja às heresias marcionitas[1], por meio dos primeiros credos apostólicos, como veremos na sequência, e depois com a obra dos primeiros apologistas – cristãos que procuravam defender a fé cristã dos ataques internos e externos. Foi a partir dessa produção teológica posterior que surgiram os primeiros ensinos escatológicos na Igreja Cristã.

---

1   Marcião (85-160 d.C.) foi um dos primeiros a serem considerados hereges pela Igreja Cristã. Sua doutrina era antijudaica, negando todo o AT e os livros do NT que apresentavam qualquer aspecto judaico em seu conteúdo. Os ensinos, chamados *marcionitas*, continham doutrinas que se assemelhavam ao gnosticismo.

2.1.1 A era pós-apostólica

No conhecido credo apostólico, provavelmente do segundo século d.C., não havia uma doutrina escatológica muito desenvolvida, como pode ser visto no texto a seguir, com a respectiva tradução:

Πιστεύω εἰς θεὸν πατέρα παντοκράτορα, ποιητὴν οὐρανοῦ καὶ γῆς. Καὶ εἰς Ἰησοῦν Χριστὸν, υἱὸν αὐτοῦ τὸν μονογενῆ, τὸν κύριον ἡμῶν, τὸν συλληφθέντα ἐκ πνεύματος ἁγίου, γεννηθέντα ἐκ Μαρίας τῆς παρθένου, παθόντα ὑπὸ Ποντίου Πιλάτου, σταυρωθέντα, θανόντα, καὶ ταφέντα, κατελθόντα εἰς τὰ κατώτατα, τῇ τρίτῃ ἡμέρᾳ ἀναστάντα ἀπὸ τῶν νεκρῶν, ἀνελθόντα εἰς τοὺς οὐρανούς, καθεζόμενον ἐν δεξιᾷ θεοῦ πατρὸς παντοδυνάμου, ἐκεῖθεν ἐρχόμενον κρῖναι ζῶντας καὶ νεκρούς. Πιστεύω εἰς τὸ πνεῦμα τὸ ἅγιον, ἁγίαν καθολικὴν ἐκκλησίαν, ἁγίων κοινωνίαν, ἄφεσιν ἁμαρτιῶν, σαρκὸς ἀνάστασιν, ζωὴν αἰώνιον. Αμήν. (Triglot Concordia, 1921, p. 12)

"Creio em Deus, Pai todo-poderoso; Criador do céu e da Terra; e em Jesus Cristo, seu Filho, o unigênito, o nosso Senhor; o qual foi concebido pelo Espírito Santo; nasceu de Maria, a virgem; padeceu sob Pôncio Pilatos; foi crucificado, morto e sepultado; desceu ao mundo dos mortos; no terceiro dia, ressuscitou; subiu aos céus, e está sentado à destra de Deus Pai, Todo-Poderoso; de onde virá para julgar os vivos e os mortos. Creio no Espírito Santo; em uma santa católica Igreja; na comunhão dos santos; na remissão dos pecados; na ressurreição da carne; e na vida eterna. Amém". [tradução nossa]

A despeito da origem controversa do credo, percebemos, principalmente, uma preocupação em combater o gnosticismo – doutrina mística que emergiu logo nos primeiros momentos da Igreja Cristã, combatida até mesmo pelos escritos neotestamentários, principalmente de pena joanina.

O credo reafirma a encarnação e relaciona o momento histórico à citação de Pôncio Pilatos, personagem histórico conhecido, para combater a visão gnóstica de que Jesus não veio em carne, era só uma aparência. Sua doutrina escatológica é brevemente citada em seus aspectos fundamentais: "Assentado à destra de Deus Pai, Todo-Poderoso, de onde virá para julgar os vivos e os mortos"[2]; e, logo em seguida: "Na ressurreição da carne; e na vida eterna. Amém"[3].

Esse credo foi posteriormente acrescido de outros detalhes em razão de novas interpelações e das doutrinas de grupos que questionavam a divindade de Jesus ou do Espírito Santo, mas a doutrina escatológica ainda não era desenvolvida. Foi com os chamados *Pais Apostólicos*[4] que afloraram novos questionamentos teológicos e a necessidade de explicação de várias doutrinas neotestamentárias e vários ensinamentos da Igreja Cristã – de um lado, em virtude da grande profusão de variações do cristianismo com doutrinas que não faziam parte dos ensinos do NT e dos apóstolos; de outro, em virtude da falta de entendimento dos não cristãos a respeito

....

2   Essa expressão mostra a importância que a Igreja Primitiva dava à vinda literal de Jesus à Terra e ao Juízo Final dos vivos e mortos – doutrinas essas que, posteriormente, passaram a fazer parte do debate escatológico contemporâneo.
3   Aqui também há um ponto importante da doutrina escatológica: a visão de uma ressurreição literal do corpo na manifestação futura da vinda de Jesus, bem como uma vida eterna – doutrina que também estabeleceu a tensão entre as visões clássicas da escatologia e suas novas abordagens na contemporaneidade.
4   São chamados *Pais Apostólicos* os escritores que escreveram logo depois dos **textos do Novo Testamento, entre o fim do primeiro e meados do segundo século d.C.**

do que o cristianismo realmente pregava e no que se diferenciava do judaísmo.

2.1.2 A era medieval

O período medieval iniciou-se com a queda do Império Romano, em 476 d.C. Foi um período longo, que durou até a Reforma Protestante, em 1517, e, portanto, de grande produção literária – o que dificulta seu estudo. Outras questões problemáticas tornam a análise desse período ainda mais difícil, como bem define Bray (2017, p. 129):

> O período medieval de interpretação bíblica é um dos mais complexos e difíceis, e não recebeu de teólogos e estudiosos da Bíblia a atenção que merece. A maior parte do trabalho nesse campo foi realizada por medievalistas, que não podem escapar do papel onipresente que a Bíblia desempenhou durante esses séculos. Mas os medievalistas têm interesses próprios e o acesso imediato à sua obra nem sempre é possível para o teólogo. Também há o fato de que séculos de treinamento tornaram os estudiosos protestantes especialmente cautelosos com o período medieval, que eles costumam enxergar como uma era de escuridão. Como os mais recentes estudiosos da Bíblia em sua maioria são protestantes, esse preconceito contribuiu para a relativa negligência da exegese medieval.

Vejamos, agora, as principais doutrinas debatidas pela Igreja durante esse período:

- **Século I** – Estabelecimento das diretrizes do novo movimento "a Igreja de Jesus"; distinção dos outros movimentos (fariseus, saduceus, herodianos, qumranitas, zelotes etc.).
- **Século I** – Os apóstolos combatiam duas principais heresias nas epístolas: o movimento judaizante e o movimento gnóstico.

- **Século I-II** – Estabelecimento de um cânon cristão de origem apostólica; debates sobre cristologia.
- **Século III** – Doutrinas a respeito da Trindade.
- **Século IV** – Arianismo; debates sobre a divindade de Cristo.
- **Século V** – Negação da unidade da pessoa de Cristo (nestorianos); distinção das naturezas de Cristo (eutiquianos).
- **Século VI** – Debate iconoclasta (destruir ou não as imagens – a igreja, já romana, decidiu por manter o culto às imagens).
- **Século XI** – Debates sobre heresias individuais panteísticas.
- **Século XII** – Combates a heresias individuais de misticismo.
- **Século XII** – Combates a dissidentes que discordavam do catolicismo romano e queriam deixar de usar crucifixo, batizar crianças etc.
- **Século XII-XIII** – Alguns debates ainda sobre a pessoa de Deus e a Trindade.
- **Século XIV-XVI** – Debates sobre os pecados na Igreja, divisões (anglicanismo, protestantismo), batismo de crianças, ceia, soteriologia e heresias romanas.
- **Século XVI-XVII** – Contrarreforma e discussões a respeito da soteriologia.
- **Século XVII** – Sínodo de Dort; combate ao arminianismo; estruturação do calvinismo.
- **Século XVIII-XIX** – Movimentos místicos e esotéricos começam a surgir e influenciar várias áreas da sociedade: literatura, artes, música, teologia etc.
- **Século XIX** – Surgimento de várias seitas cristãs: adventistas, testemunhas de Jeová, mórmons etc. Algumas dessas seitas chegaram a marcar a data para a volta de Cristo – o que, obviamente, nunca se concretizou.
- **Século XIX-XX** – Surgimento de teologias liberais e neo-ortodoxas dentro do protestantismo que reinterpretaram os textos

escatológicos, enfatizando somente os aspectos simbólicos e esvaziando qualquer noção de cumprimento escatológico literal.

Essa lista mostra as principais preocupações da Igreja Cristã ao longo da história em definir com clareza seu pensamento doutrinário acerca de doutrinas que estavam sendo distorcidas pelos vários grupos sectários e líderes que questionavam e propunham novas interpretações. Como as preocupações estavam centradas em defender a sã doutrina contra esses ensinamentos, considerados pela Igreja como desvios heréticos, a doutrina escatológica não foi grandemente debatida.

2.1.3 Principais nomes do período

Selecionamos a seguir, entre as várias épocas da história da Igreja, alguns dos grandes pensadores que deixaram suas opiniões e interpretações sobre as questões escatológicas.

Justino de Roma (100-165 d.C.)

Em seu texto *Diálogo com Trifão*, Justino debate com os judeus a respeito do cumprimento de muitas profecias do AT na Igreja Cristã. Suas citações e interpretações ora são literais, ora são alegóricas, destacando uma tipologia cristológica das passagens. No parágrafo 81, ele faz um comentário sobre o cumprimento das profecias de Isaías, 65: 17-25 com as seguintes palavras:

O que se diz nestas palavras: "Porque os dias do meu povo serão conforme os dias da árvore da vida: as obras de seus trabalhos envelhecerão?⁵" Compreendemos que significa misteriosamente mil anos. Com efeito, como foi dito a Adão que ele morreria no dia em que comesse da árvore da vida, sabemos que os mil anos não se realizaram. Compreendemos também que vem ao encontro de nosso propósito a expressão: "Um dia do Senhor é como mil anos". Além disso, houve entre nós um homem chamado João, um dos apóstolos de Cristo, que, numa revelação que lhe foi feita, profetizou que os que tiverem acreditado em Cristo passarão mil anos em Jerusalém e que, depois disso, viria a ressurreição universal e, dizendo brevemente, a ressurreição eterna e o julgamento de todos juntos. A mesma coisa foi dita por nosso Senhor: "Não se casarão, nem serão dadas em matrimônio, mas serão como os anjos, pois são filhos do Deus da ressurreição". (Justino De Roma, 1995, Apologia, 81: 3-4)

Nos comentários de Justino de Roma, é possível notar uma interpretação tipológica da profecia de Isaías como se referindo à Igreja Cristã e também uma visão milenarista do Apocalipse.

Irineu de Lião (130-202 d.C.)

Escritor de grande sabedoria e com vasto conhecimento bíblico e da tradição dos grandes Pais da Igreja anteriores a ele, como Clemente de Roma (35-97 d.C.), Papias (70-163 d.C.), Policarpo (69-155 d.C.), entre outros que o influenciaram. O Livro V de Irineu é todo dedicado à doutrina escatológica, no qual o autor comenta sobre vários

---

5   Justino segue a leitura da versão grega: "[...] κατὰ γὰρ τὰς ἡμέρας τοῦ ξύλου τῆς ζωῆς ἔσονται αἱ ἡμέραι τοῦ λαοῦ μου·" ("[...] porque conforme os dias da árvore da vida serão os dias do meu povo" – Is 65. 22). O texto massorético (TM) traz: "כִּי־כִימֵי הָעֵץ יְמֵי עַמִּי וּמַעֲשֵׂה יְדֵיהֶם יְבַלּוּ בְחִירָי" ("pois, como os dias da árvore serão os dias do meu povo e no trabalho das mãos deles se regozijarão os meus escolhidos").

de seus aspectos, como: ressurreição, o anticristo, o reino eterno, o reino dos justos, entre outros. Segundo Berkhof (2012, p. 653),

> *a ideia de Irineu pode ser dada como a que melhor reflete aquela dos primeiros séculos cristãos. O mundo atual durará seis mil anos, correspondentes aos seis dias da criação. Para o fim deste período, os sofrimentos e perseguições dos fieis aumentarão grandemente, até que, por fim, a encarnação de toda a iniquidade aparecerá na pessoa do anticristo. Depois que ele tiver completado a sua obra destruidora e se estabelecer atrevidamente no templo de Deus, Cristo aparecerá em glória celestial e triunfará sobre todos os Seus inimigos. Isto será acompanhado pela ressurreição física dos santos e pelo estabelecimento do reino de Deus na terra. O período de ventura milenar, que portanto durará mil anos, corresponderá ao sétimo dia da criação – ao dia de repouso. Jerusalém será reedificada, a terra dará seu fruto com rica abundância; e prevalecerão a paz e a justiça. No fim dos mil anos, sobrevirá o juízo final, e aparecerá uma nova criação, na qual os remidos viverão para sempre na presença de Deus.*

Sobre o anticristo, Irineu diz:

> *Não somente pelo que foi dito até agora, mas também pelo que acontecerá no tempo do Anticristo, manifesta-se que o demônio, enquanto apóstata e ladrão, quer ser adorado como Deus e enquanto escravo quer ser proclamado rei. Com efeito, o Anticristo, depois de ter recebido todo o poder do demônio, virá como rei justo, submetido a Deus e dócil à sua lei, mas com ímpio, injusto e sem lei, como apóstata, injusto, homicida e ladrão, recapitulando em si toda a apostasia do demônio. [...] Além disso, afirma o que já temos abundantemente demonstrado, isto é, que o templo de Jerusalém foi construído de acordo com a prescrição do verdadeiro Deus. O apóstolo, manifestando a sua opinião, chama-o propriamente templo de Deus. No terceiro livro dissemos que os apóstolos, falando*

em seu próprio nome, nunca chamam Deus a ninguém, a não ser ao verdadeiro Deus, o Pai de nosso Senhor, por ordem do qual foi construído o templo de Jerusalém, pelos motivos apresentados acima, no qual se assentará o adversário querendo passar por Deus, conforme diz também o Senhor: "Quando virdes a abominação da desolação, de que fala o profeta Daniel, instalada no lugar santo, que o leitor entenda, então os que estiverem na Judeia, fujam para as montanhas, aquele que estiver no terraço, não desça para apanhar as coisas de sua casa. Pois naquele tempo haverá tão grande tribulação como não houve desde o princípio do mundo até agora, nem tornará a haver jamais".

[...] É exatamente isto que fará o Anticristo no tempo de seu reinado: transferirá o seu reinado para Jerusalém, assentar-se-á no templo de Deus, enganando os seus adoradores, fazendo com que creiam que é o Cristo. (Lyon, 2014a, Livro V, 25: 1-4)

No Livro V, 31: 1; 36: 3, Irineu defende uma visão milenista pós-tribulacionista, condenando as interpretações das profecias do AT, que ele chama de *alegóricas* (Livro V, 35: 1-2). Entende que Isaías, 11 se cumprirá literalmente em uma terra paradisíaca, vendo o reino milenar como um prelúdio da incorruptibilidade:

Visto que alguns se deixam induzir ao erro por causa de discurso herético e ignoram as disposições de Deus e o mistério da ressurreição dos justos e do reino que será o prelúdio da incorruptibilidade, – reino pelo qual os que serão julgados dignos se acostumarão paulatinamente a possuir Deus – é necessário dizer sobre isso que os justos, ressuscitando, à aparição de Deus, nesta criação renovada, primeiramente receberão a herança que Deus prometeu aos pais e reinarão nela, e somente depois se realizará o juízo de todos os homens. Com efeito, é justo que recebam o prêmio do sofrimento naquela mesma natureza em que sofreram e foram provados de todos os modos, e que naquela mesma em que foram mortos por amor a Deus e suportaram a escravidão, recebam a vida e reinem. É necessário que a própria natureza seja reconduzida ao estado primitivo para servir, sem limites, aos justos. (Lyon, 2014a, Livro V, 32: 1)

Essa citação de Irineu é importante para a constatação de que a doutrina escatológica milenarista ou pré-milenista era claramente ensinada antes de Agostinho.

Orígenes (c. 185-253 d.C.)

Orígenes é dos poucos Pais da Igreja que podem ser chamados de *biblistas*, ou seja, alguém que domina as três línguas bíblicas: hebraico, aramaico e grego. Produziu uma vasta obra, mas seu livro mais inigualável chama-se *Hexapla*, que contém o texto hebraico em paralelo com as várias versões gregas que circulavam em sua época. Entretanto, Orígenes é mais conhecido por seu tipo de interpretação alegórica e controversa nas questões escatológicas. Segundo Alter e Kermode (1997, p. 571), Orígines foi "o maior dos exegetas gregos, decisivamente rejeitou as esperanças quiliásticas cristãs por um reino terrestre em uma Jerusalém restaurada, chamando-as de ilusões daqueles que 'compreendem as escrituras divinas em um sentido judaico'".

Agostinho de Hipona (354-430 d.C.)

Agostinho é, sem dúvida, o grande filósofo do cristianismo. Podemos dizer que toda a base da teologia ocidental, da Reforma e das confissões reformadas posteriores foi influenciada por seus escritos. Sobre as questões escatológicas agostianianas, Alter e Kermode (1997, p. 569) ressaltam:

> Em *Cidade de Deus*, Santo Agostinho admite que antes propunha uma interpretação milenária futurista de 20: 1-6, mas que, após ver o erro de interpretações literais ou 'carnais' do milênio, veio a identificar o

reino de mil anos de Cristo e os santos na terra com a história da igreja. A dificuldade que teve de lidar com o Apocalipse, ele nos conta, não existia apenas porque o livro, com toda a profecia, mescla expressões literais e figurativas, mas também porque há poucas passagens claras para ajudar a iluminar as obscuras e porque, frequentemente, as mesmas coisas são repetidas de forma diferentes.

Embora Agostinho tivesse dificuldades exegéticas quanto à interpretação do Apocalipse, em razão de sua grande influência no catolicismo medieval e no protestantismo, sua doutrina amilenista acabou por se tornar uma espécie de padrão para as igrejas reformadas calvinistas posteriores.

Joaquim de Fiore (1135-1202 d.C.)

Fiore foi um importante comentarista e influenciador das doutrinas escatológicas em sua época, bem como nos períodos posteriores, até a Reforma Protestante.

Um abade calabrês do século XII, estudou o Apocalipse com uma paixão inigualável, mas ele também considerou o livro difícil e, de início, intratável. Em sua alentada Exposition on Revelation [Exposição do Apocalipse], ele relata que, já no décimo versículo do capítulo 1, sentiu a leitura obstruída pelos mistérios do texto. Então, na manhã de Páscoa de 1183 ou 1184, foi-lhe concedida uma revelação divina: "Em meio ao silêncio da noite, à hora quando se considera que nosso Leão da Tribo de Judá emergiu dos mortos, enquanto eu estava meditando, repentinamente percebi no olho de minha mente algo da plenitude [plenitudo] desse livro e da inteira harmonia [concordia] do Antigo e Novo Testamento".
(Alter; Kermode, 1997, p. 569)

Fiore também comentou os Salmos e os Evangelhos e relacionava as profecias bíblicas com a história de sua época.

Nicolau de Lira (1270-1349 d.C.)
Trazia uma interpretação do Apocalipse que foi uma das grandes influências do período pré-reformador. Entendia que a interpretação do livro deveria ser linear, histórica, eclesiológica e antimilenar (Alter; Kermode, 1997). Foi forte influenciador de Martinho Lutero. Sobre Nicolau de Lira, Bray (2017, p. 142) afirma:

> 1) Conhecia comentários hebraicos e judaicos do período, mas não sabia grego. Seu principal alvo era estabelecer o sentido literal das Escrituras e rejeitar a alegoria. Nesse ponto, seguia André de São Vitor e diversos exegetas inferiores e muitas vezes anônimos, um dos quais escreveu um comentário literal de Cântico dos Cânticos em cerca de 1300. Suas postilas foram o primeiro comentário bíblico impresso, e ele continuou famoso até grande parte do século 16.

Esses, obviamente, não são todos os intérpretes escatológicos do período medieval; porém, foram citados para evidenciar uma noção dos principais influenciadores das doutrinas das últimas coisas que fazem parte das discussões no âmbito da escatologia.

2.2 Escatologia da Reforma Protestante até a contemporaneidade

Na sequência, abordaremos o desdobramento da doutrina das últimas coisas do período da Reforma até a época atual.

2.2.1 Reforma Protestante

A Reforma Protestante foi um dos acontecimentos de maior importância para a história do cristianismo, gerando a grande divisão da Igreja Cristã, a qual se mantém até hoje.

> A Reforma Protestante, no século XVI, é o período seguinte de maior importância na história da interpretação cristã, os princípios da Reforma são tradicionalmente resumidos nas chamadas cinco solae: sola fide (somente a fé); sola scriptura (somente a Escritura); solus Christus (somente Cristo); sola gratia (somente a graça); soli Deo gloria (glória somente a Deus). Estes cinco princípios são claros princípios contra o monopólio interpretativo da igreja católica, a sola fide significa que a salvação é recebida somente pela fé sem a necessidade das obras; o solus Christus é pelo fato do pensamento reformador de que somente Jesus é o intermediário entre Deus e os homens; o sola gratia se dá pelo entendimento que o homem não merece a salvação, mas é dada por Deus pelo seu favor imerecido, a graça; o soli Deo gloria tranfere toda dignidade a Deus e não ao homem ou qualquer autoridade humana instituída. Contudo, o princípio mais importante e orientador da interpretação bíblica na Reforma, é, evidentemente, a sola scriptura. (Ribeiro Neto, 2016, p. 130)

A data tradicional de comemoração da Reforma Protestante é 15 de outubro de 1517, dia em que Martinho Lutero (1483-1546), um monge agostiniano, professor de teologia em Wittenberg, Alemanha, fixou à porta do castelo da universidade suas 95 teses que questionavam as doutrinas católicas da época. Seguiram-se a ele os também considerados reformadores Ulrich Zwinglio (1484-1531), na Suíça, e João Calvino (1509-1564), na França e na Suíça. O principal ponto de discórdia da Reforma foi a doutrina da justificação pela fé em contraste com o ensino católico da época, que enfatizava a salvação pelas obras, pelas penitências e pela compra de indulgências e de relíquias sagradas – pontos fortemente combatidos pelos reformadores.

A respeito do estudo do milênio no período da Reforma na Inglaterra, Alter e Kermode (1997, p. 577) revelam:

> *Em nenhuma parte o Apocalipse foi estudado com maior avidez debatido com maior calor do que na Inglaterra da Reforma. As razões para isso são complexas, mas parte da explicação reside no vínculo íntimo estabelecido entre a identidade nacional inglesa e a causa da Reforma, e o crescimento da tendência puritana radical, que finalmente levou a uma revivescência do milenarismo.*

A profusão de escritos dos reformadores foi imensa; contudo, as doutrinas escatológicas foram pouco abordadas por eles. Tais pensadores não pareciam preocupados em desenvolvê-la, a não ser por citações esporádicas em seus escritos. Como o ponto central era combater as principais falhas do catolicismo de sua época, voltaram-se às doutrinas soteriológicas.

Martinho Lutero

Lutero, responsável por liderar um novo movimento, ainda teve de lutar contra as várias heranças do catolicismo medieval, suas interpretações dependentes e pouco voltadas para uma exegese bíblica, como pouco ou nenhum uso das línguas originais e com forte tendência alegórica – embora o próprio Lutero não tenha conseguido libertar-se totalmente da interpretação alegórica em "suas exposições do texto bíblico" (Bray, 2017, p. 198).

Segundo McGim (citado por Alter; Kermode, 1997, p. 570):

> *Martinho Lutero foi o terceiro leitor influente que confessou suas dificuldades iniciais com o Apocalipse. Em seu prefácio de 1522, quase o excluiu do cânone do Novo Testamento por não ser "nem apostólico*

nem profético", pois "Cristo não é ensinado ou conhecido nele". Mas oito anos mais tarde, punido pela obstinação de Roma e o radicalismo de Münzer, e com uma maior compreensão da história da Igreja, o reformador retratou-se em um novo prefácio à Bíblia Alemã. Aqui Lutero ofereceu um breve esboço do significado do Apocalipse que se revelou fundamental para os intérpretes protestantes durante séculos, tanto porque identificou o papado com o Anticristo, quanto porque essa identificação foi feita dentro do contexto de uma interpretação historicamente progressiva do texto.

Novamente, verificamos a dificuldade dos estudiosos em tratar do livro de Apocalipse. Isso fez com que muitos comentaristas protestantes evitassem discutir com mais profundidade as doutrinas escatológicas.

João Calvino

Pode-se discordar de Calvino e do calvinismo, mas não se pode negar a grande obra do reformador em vários aspectos da teologia cristã. Embora sua obra mais influente tenha sido as *Institutas da religião cristã*, é em seus comentários sobre os livros da Bíblia que podemos perceber o gênio de Calvino. Conhecedor das três línguas da revelação bíblica, os biblistas atuais que procurarem seus comentários perceberão seu profundo conhecimento gramatical do hebraico, do grego e do aramaico – conhecimento raro na história da Igreja. Infelizmente, entretanto, Calvino não deixou comentário algum do livro do Apocalipse. Não se sabe o motivo – se por falta de tempo, se acabou morrendo antes ou se foi por algum outro motivo que nos foge ao conhecimento. Por essa razão, temos poucos elementos para entender qual era verdadeiramente o pensamento de Calvino sobre as últimas coisas, a não ser pelo que dizem seus discípulos, nem sempre fiéis ao que Calvino realmente escreveu.

Mesmo assim, podemos "garimpar" em seus textos algum vislumbre de ensinos escatológicos. Um texto muito significativo sobre a interpretação de Apocalipse, 20 revela o pensamento do mestre genebrino quanto à questão:

> *Os quiliastas e os milenaristas. Não vou expor aqui que já no tempo de São Paulo procurou Satanás destruí-la. Mas pouco depois sugeriram os quiliastas, que apontavam para o reino de Cristo o prazo de mil anos. Este desvario está fora de caminho, que não merece resposta. Nem a passagem que citam de Apocalipse, a qual sem dúvida deu pretexto a seu erro, favorece em nada sua opinião, já que o número de mil que se faz menção ali (Ap 20.4), não se deve entender da eterna felicidade da Igreja, senão das diversas revoltas com que a Igreja militante havia de se ver afligida. Além disso, toda a Escritura a uma voz diz que nem a felicidade dos eleitos, nem os tormentos dos réprobos terão fim (Mt 25.41, 46). A respeito das coisas invisíveis e das que ultrapassam a capacidade do nosso entendimento não há mais certeza senão a que a Palavra de Deus nos dá; portanto, a ela só devemos atentarmos, e havemos de rechaçar todo o que fora dela nos fora proposto.*
>
> *Os que atribuem aos filhos de Deus mil anos para que gozem da bem-aventurança, não consideram o quão grave afronta causam a Cristo e ao seu reino. Porque se não hão de ser revestidos de imortalidade, se segue daí que tampouco o mesmo Cristo, em cuja glória hão de ser transformados, foi recebido na glória imortal. Se sua felicidade há de ter fim, se segue que o reino de Cristo, em cuja firmeza é apoiada é temporal. Finalmente, ignoram de tal modo as coisas divinas, ou com uma oculta malícia pretendem desfazer totalmente a graça de Deus e o poder de Jesus Cristo, cujo cumprimento não chegar a efeitos, sem que, destruído o pecado e aniquilada a morte, a vida eterna seja perfeitamente restaurada.* (Calvino, 2006, p. 788-789)

Calvino fez uma interpretação simbólica de Apocalipse 20.4 como uma referência às aflições da Igreja na história, ao mesmo tempo em que combatia uma visão milenarista carnal⁶. Na sequência da tradição reformada, essa interpretação simbólica prevaleceu no amilenismo, embora os pós-milenistas também afirmassem que a posição de Calvino favorecia sua convicção (Gentry Jr., 2005).

Pós-Reforma

O pós-reforma também foi um período conturbado. Formaram-se várias confissões a partir da Reforma, com suas preferências teológicas e discussão sem fim. Novamente, as doutrinas escatológicas ficaram obscurecidas pelos debates contínuos a respeito da soteriologia, principalmente entre os discípulos de Jacó Armínio (1560-1609) e os de Calvino.

No que diz respeito às discussões sobre o milênio, "alguns importantes teólogos do século XVII tinham uma perspectiva pós-milenarista. Podem ser citados: Daniel Whitby, Thomas Brightman, William Gouge, John Cotton e John Owen" (Surian, 2014).

Reformados e não reformados e as várias confissões derivadas da Reforma continuaram a interpretar o fim dos tempos, conectando-o a acontecimentos de suas próprias épocas e em uma continuidade da interpretação de Lutero e Calvino, bem como relacionando a Igreja Católica com o anticristo e a grande Babilônia descrita no Apocalipse.

---

6 É conhecido o bispo de Nepos, no Egito, que interpretava o reino milenar como uma espécie de época em que os crentes poderiam entregar-se aos prazeres (veja Bray, 2017, p. 452-453). O próprio Cerinto pregava uma doutrina parecida, de um reino milenar em que os crentes desfrutariam de "prazeres carnais e sensuais" (veja Kelly, 1994, p. 354). Calvino poderia estar combatendo interpretações semelhantes que se perpetuavam em sua época.

2.2.2 Tempos modernos

Diante dos grandes acontecimentos que marcaram os séculos XIX e XX, as doutrinas escatológicas começaram a ser tanto questionadas quanto desenvolvidas nesses períodos, como veremos nos tópicos seguintes.

Século XIX

O século XIX foi o século do racionalismo – movimento filosófico que procurava explicar todas as questões por meio da razão. Foi um período de grandes dificuldades teológicas, em que as teorias da crítica começaram a abalar as estruturas de fé e de confiança nas Escrituras Sagradas. Nesse contexto, o maior trabalho dos teólogos concentrou-se em reformular certos aspectos centrais da fé cristã e produzir uma apologética cristã racional que sustentasse as antigas doutrinas e os antigos dogmas da Igreja.

Com relação ao tipo de interpretação da profecia e do livro do Apocalipse, vale a pena conferir a abordagem de Alter e Kermode (1997, p. 581):

> No século XIX, a ciência histórica havia sobrepujado a profecia nas interpretações do apocalipse, ao menos no mundo erudito. A vitória, obviamente, foi, ao menos em parte, pírrica. O triunfo acadêmico do método histórico-crítico não produziu nenhuma explicação consensual da estrutura do livro e do significado das misteriosas sequências de símbolos dos quais ele é composto, mesmo entre os especialistas, e fora da academia muitos continuam a ler e usar o Apocalipse de maneiras muito diferentes.

Claramente, nesse período, preferia-se uma interpretação preterista, que enxergava o livro como um relato simbólico de acontecimentos que se referiam ao período em que João viveu (o período do fim do primeiro século), em que o Império Romano começava a perseguir a Igreja Cristã. Esse tipo de interpretação, que associa acontecimentos contemporâneos aos eventos escatológicos, é feita ainda hoje por grupos cristãos, como os Adventistas do Sétimo dia e as Testemunhas de Jeová, que começaram a se utilizar das profecias de Daniel para fazer cálculos matemáticos a fim de definir a data da vinda de Cristo. Como seus cálculos não se confirmaram, continuamente recalculavam – como o fazem até hoje – ou reinterpretavam esses cálculos, adiando *ad infinitum* a vinda de Cristo.

Século XX

No século XX, as discussões escatológicas se tornaram abundantes. Não seria de se estranhar, já que duas grandes guerras mundiais ocorreram – uma de 1914 a 1918 e outra no meio do século, de 1939 a 1945. É sabido que, em períodos de grande abalo local ou mundial, a sensação de fim dos tempos aflora, bem como um reavivamento dos estudos escatológicos. Sobre a reflexão teológica nesse período, Santos (2005, p. 517-518) diz:

> Com efeito, o campo escatológico foi o responsável, ao longo deste século XX, de boa parte de toda a reflexão teológica. Ainda dentro deste terreno, o dogma da ressurreição dos mortos alcançou um lugar de destaque na Teologia deste século, tanto católica como protestante. A Teologia despertou para o fato de que, no centro do cristianismo, está a afirmação de que a verdadeira vida nasce com a morte, para tornar-se plena com a ressurreição, pois o que então acontece é tão maravilhoso como a própria criação. Movida pela vontade de defender a realidade da ressurreição, a Teologia realizou um grande esforço visando torna-la mais compreensível. Muitas teorias surgiram, nesses anos, sobre a

ressurreição. O início de toda essa reflexão deve-se ao liberalismo teológico – manifestado em suas diversas formas, que o impediram de se caracterizar como um movimento homogêneo e sistemático – que tinha sonhado com uma homologação entre fé e cultura, através da aplicação de métodos positivos de investigação e de crítica à exegese bíblica e à história dos dogmas. O resultado é bem conhecido: o liberalismo protestante representa o ponto culminante de dois séculos de trabalho, que correspondem, como fenômeno paralelo ou, melhor ainda, colateral, à crise modernista no âmbito católico.

No Capítulo 6 desta obra, comentaremos mais detalhadamente sobre a doutrina escatológica desse período.

Estudo de caso

Leia o texto a seguir sobre a importância da hermenêutica nos estudos escatológicos.

> **Hermenêutica aplicada ao estudo da escatologia bíblica: a contribuição de Santo Agostinho no debate a respeito do milênio**
>
> A irrupção do reino de Deus no mundo foi interpretada de formas diferentes já por parte dos pais da Igreja, nos primeiros séculos da era cristã. Diversos destes empregaram uma leitura "milenarista" do texto bíblico, sugerindo a vinda imediata do reino, com a plena transformação da sociedade, ainda antes do juízo final. Santo Agostinho, em seu escrito "A Cidade de Deus", sugere uma visão de História em que Deus realiza seu reinar ativo no mundo mesmo antes do juízo final. Sua interpretação do "milênio" é figurativa. O milênio,

> na verdade, é uma figura do assim chamado "tempo da graça", ou seja, o período em que a graça de Deus é anunciada ao mundo, neste período entre a primeira e a segunda vindas de Cristo.

Fonte: Valentim; Linden, 2004, p. 205.

A conclusão desse excerto demonstra que um dos principais formadores da Teologia Ocidental, Santo Agostinho, em seu texto "A Cidade de Deus", faz uma interpretação da doutrina escatológica por meio de uma análise figurativa do milênio. Segundo os autores, Agostinho interpreta o milênio como simbolizando o período da Graça ativo na era da Igreja. Nesse texto percebemos a importância da doutrina escatológica na história da Igreja, o que também foi possível perceber neste capítulo. Pesquise em livros de história da Igreja ou de história da interpretação o desenvolvimento da doutrina escatológica, procurando entender as várias tradições interpretativas na contemporaneidade.

Síntese

Neste capítulo, abordamos a importância do conhecimento da história da interpretação bíblica. Também verificamos como, nos vários períodos históricos, os mais diferentes autores e escolas de interpretação analisaram e entenderam os conceitos e as compreensões relacionados à escatologia.

Atividades de autoavaliação

1. O termo *pós-apostólico* se refere:
   I) à era medieval.
   II) à era depois da morte do último apóstolo.
   III) ao período do primeiro século.
   IV) ao período do segundo século após a morte do último apóstolo até a era medieval.
   V) ao período dos Pais da Igreja, logo após os escritos do Novo Testamento.

   Agora, assinale a alternativa que apresenta somente os itens corretos:

   a) I e III.
   b) III e IV.
   c) I e II.
   d) II, IV e V.
   e) I, II, III, IV e V.

2. Sobre os Pais da Igreja, é possível afirmar:
   I) Eram mestres gnósticos que divergiam completamente dos ensinos apostólicos.
   II) Eram os grupos judaicos que se converteram ao cristianismo no primeiro século.
   III) São considerados os discípulos dos apóstolos e continuadores da tradição da Igreja Cristã.
   IV) Eram um grupo escatológico que ensinava as doutrinas dispensacionalistas.
   V) Eram um grupo escatológico que ensinava as doutrinas pós-milenistas.

Agora, assinale a alternativa que apresenta apenas os itens corretos:

a) I e III.
b) III e IV.
c) I e II.
d) III.
e) II, IV e V.

3. Sobre a Reforma Protestante, é possível afirmar:
   i) Foi um movimento dos puritanos que ensinava doutrinas escatológicas fiéis aos textos bíblicos.
   ii) Foi um movimento judaico de avivamento que ocorreu no século XVI.
   iii) Foi um movimento de tentativa de renovação dentro do catolicismo, mas que se separou para eleger um novo Papa, chamado *Martinho Lutero*.
   iv) Foi o nome dado ao movimento de Reforma iniciado por Martinho Lutero.
   v) Foi um movimento iniciado por João Calvino no século XVI.

   Agora, assinale a alternativa que apresenta apenas os itens corretos:

   a) I e III.
   b) III e IV.
   c) I e II.
   d) IV.
   e) II, IV e V.

4. Sobre a escatologia dos reformadores, é possível afirmar:
   I) Escreveram extensos tratados de escatologia, que serviram de base para as doutrinas escatológicas posteriores.
   II) Não se preocuparam muito com as doutrinas escatológicas em razão do debate centralizado na doutrina da justificação.
   III) Estavam mais preocupados com as doutrinas soteriológicas.
   IV) Estavam mais preocupados com as doutrinas escatológicas.
   V) Estavam mais preocupados com as doutrinas pneumatológicas.

   Agora, assinale a alternativa que apresenta apenas os itens corretos:

   a) I e III.
   b) III e IV.
   c) I e II.
   d) IV.
   e) II e III.

5. Quanto à escatologia nos séculos XIX e XX, é possível afirmar:
   I) Não houve desenvolvimento da doutrina nesse período em virtude do racionalismo.
   II) Nesse período, só se desenvolveram as doutrinas soteriológicas com base na Reforma Protestante.
   III) Foi um período de desenvolvimento somente das doutrinas eclesiológicas.
   IV) Foi um período em que o gnosticismo começou a crescer nas igrejas cristãs de linha reformada.
   V) Foi um período de debate escatológico intenso, principalmente em razão das duas grandes guerras.

Agora, assinale a alternativa que apresenta apenas os itens corretos:

a) V.
b) III e IV.
c) I e II.
d) IV.
e) II e III.

Atividades de aprendizagem

Questões para reflexão

1. Como a leitura dos textos bíblicos, principalmente dos que dizem respeito à profecia e à escatologia, é influenciada por conceitos que já herdamos?

2. Um texto escatológico pode ser lido de acordo com outro pensamento escatológico?

Atividade aplicada: prática

1. Leia o texto a seguir e elabore uma síntese sobre as afirmações que você considera mais importantes. Depois, relacione essas afirmações com os conteúdos deste capítulo.

MOURA, R. Agostinho e o método alegórico de interpretação. **Bereianos**, 2 jan. 2015. Disponível em: <https://bereianos.blogspot.com/2015/01/agostinho-e-o-metodo-alegorico-de.html>. Acesso em: 5 ago. 2019.

capítulo três

Opções clássicas na escatologia cristã

03

Para realizarmos uma abordagem a respeito das posições clássicas da escatologia, é importante observar, inicialmente, as várias análises sobre o Apocalipse e sobre o livro de Daniel.

Figura 3.1 – Posições interpretativas sobre o Apocalipse

Preterista
Entende que os acontecimentos narrados no Apocalipse aconteceram na época do Império Romano no primeiro século.

Histórica
Acredita que os eventos do Apocalipse relatam épocas na história da humanidade.

Simbólica
Acredita que os eventos narrados no Apocalipse são símbolos de lições morais e espirituais e não devem ser interpretados de forma literal.

Futurista
Acredita que a maior parte do livro acontecerá no futuro.

Há uma grande variedade e pouco acordo quanto à interpretação do Apocalipse. A situação não é nova, pois, desde sua escrita, o livro passou por diversas dificuldades de entendimento e gerou debates infindos em toda a história da Igreja.

Segundo Bray (2017, p. 452):

Com a possível exceção de Cântico dos Cânticos, nenhum livro da Bíblia recebeu tantas interpretações diversas e fantásticas quanto a Revelação dada a João, também conhecida por seu nome derivado do grego, Apocalipse. Em um recente estudo de como se interpretava o livro no Renascimento, C. A. Patrides listou nada menos que 1.313 comentários sobre todo o livro ou sobre parte dele até 1979, e ele acrescentou que essa lista estava incompleta. Desde o início da história da igreja, a natureza especial do livro foi reconhecida e houve debates sobre como se deve interpretá-lo. Orígenes o interpretou alegoricamente, e ele certamente se presta a esse tipo de tratamento. Mas muitos comentaristas antigos também interpretaram o livro literalmente como uma profecia do fim do mundo.

O que causa essa amplitude de abordagens e interpretações, sem dúvida, é a forma de apresentação do livro, que, embora se aparente muito com os chamados *Apocalipses judaicos*, também traz semelhanças com interpretações midráshicas, profecias veterotestamentárias e, ao que parece, uma forma própria que João mesmo inaugurou. Quanto às dificuldades de interpretação do livro, Osborne (2014, p. 1) elucida:

> Apocalipse é um livro de difícil interpretação, embora, de modo geral, seja mais simples que os Evangelhos. Isso se deve à existência de menos problemas de crítica da fonte no livro. São quatro os principais problemas no estudo de Apocalipse: o simbolismo; a estrutura do livro; o debate entre as interpretações historicista, preterista, idealista e futurista; e o uso do AT. [...] Uma área de convergência de opiniões entre a maioria dos comentaristas é que os antecedentes devem ser procurados na mentalidade apocalíptica comum nos dias de João. Ninguém jamais conseguiu propor um esboço que ao menos chegue perto de um consenso. Há dois outros problemas: a relação entre selos, trombetas e taças e os longos interlúdios que interrompem os selos, as trombetas e as taças (7.1-17; 10.1-11.13; 12.1-14.20); estes ainda não foram devidamente explicados nas atuais hipóteses estruturais.

Essas dificuldades inerentes ao livro é que geraram controvérsias entre as várias posições escatológicas no protestantismo ortodoxo e, depois, no chamado *liberalismo protestante*, como veremos adiante.

Outro livro significativo para o conhecimento das doutrinas escatológicas é o do profeta Daniel. Esse livro tem as interpretações mais diversas, ora pendendo para um pré-milenismo dispensacionalista[1], ora para um pré-milenismo clássico, ora até para um amilenismo e um pós-milenismo. Entretanto, os que mais dissecam as profecias do livro são os pré-milenistas dispensacionalistas. As principais profecias debatidas nas várias visões da doutrina escatológica em Daniel estão relacionadas, essencialmente, às chamadas *setenta semanas de Daniel*, como comentado na seção 1.1.4.

3.1 O milênio

Trataremos, agora, dos principais debates escatológicos relacionados ao milênio. Sendo essa questão o ponto central de debate dentro das várias confissões teológicas presentes no cristianismo protestante, analisaremos cada uma das três principais posições sobre o tema: o **amilenismo**, o **pós-milenismo** e o **pré-milenismo**. O objetivo é situar o leitor no debate confessional das doutrinas escatológicas que formam a base do pensamento sobre as últimas coisas, mostrando os pontos de convergência e de divergência dessas confissões, em uma leitura crítica do pensamento teológico na escatologia cristã.

Sobre as questões gerais a respeito do milênio, lemos, no *Breve dicionário de teologia* (BDT), o seguinte:

> É a expectativa de um reino de Cristo sobre a terra, seja antes ou depois de sua parúsia. O milênio tem sido tema de muito debate, particularmente entre os cristãos fundamentalistas dos séculos XX e XXI, que não

---

1 O termo *dispensacionalismo* é usado para uma visão escatológica que entende que, em sete eras diferentes, Deus tratou de diferentes formas com os seres humanos com relação a alianças e juízos.

> concordam com a interpretação dos poucos versículos bíblicos no qual esse tema aparece, particularmente Apocalipse (20.2-7) – visto que Apocalipse é o único livro do Novo Testamento no qual se fala explicitamente de um reino de mil anos. No século II, alguns teólogos cristãos como Papías e Irineu criam em um reino de Deus sobre a Terra – reino de paz, justiça e abundância – e às vezes falavam dele como um reino de mil anos (Quiliasmo). Outros, como Agostinho (354-430), achavam que essas expectativas eram muito materialistas e preferiam entender o milênio, assim como toda referência bíblica para com a abundância escatológica, como linguagem alegórica para se referir a um Reino de Deus puramente espiritual (Amilenarismo). Durante a Idade Média, devido à influência de Agostinho e outros teólogos de tendências neoplatônicas, o milênio era entendido, geralmente, como maneira figurada de se referir ao céu e, às vezes, a vida presente da igreja, de onde se supõe que o mal esteja atado. Muitos combinavam a afirmação na segunda carta de Pedro, que perante os olhos de Deus mil anos são como um dia, como a expectativa de que haveria mil anos entre a primeira e a segunda vinda de Cristo, ou seja, entre o nascimento de Jesus e sua parúsia. (González, 2009, p. 208-209)

A questão milenar reside, sem dúvida, no grande tema escatológico e na grande pedra de tropeço dentro das confissões protestantes a respeito da doutrina escatológica. O debate acontece no entendimento do milênio – no grego *chilioi* (χίλιοι), que significa "mil" –, e o texto de discórdia é Apocalipse, 20: 1-10, que relata o aprisionamento do diabo por mil anos, sua posterior soltura (por pouco tempo) para enganar as nações e, por fim, seu lançamento no lago de fogo, onde já se encontravam a besta e o falso profeta.

E essa discussão ocorre no âmbito hermenêutico: Deve-se interpretar o texto literalmente, como um período de mil anos antes da consumação e do Juízo Final, ou de forma simbólica, representando um período indeterminado? Os que interpretam de forma literal são chamados *pré-milenistas*; e os que interpretam de forma simbólica estão divididos em dois grupos: os *amilenistas* e os *pós-milenistas*.

Preste atenção!

Dois textos muito ricos para compreender esse debate, que expõem as posições a favor e contra cada sistema interpretativo, estão disponíveis em português e enriquecerão muito o entendimento a respeito dessas posições. O primeiro é o brilhante livro de Millard J. Erickson, *Escatologia: a polêmica em torno do milênio*, publicado pela Editora Vida Nova. O outro é um debate em forma escrita organizado por Darrell L. Bock intitulado *O milênio: 3 pontos de vista*, em que defensores das três posições expõem seus pensamentos e são contestados pelos outros autores que divergem em seus pontos de vista.

3.1.1 Amilenismo

O amilenismo é a corrente prevalecente nas confissões reformadas e nas denominações protestantes chamadas de *históricas*, embora possamos encontrar, mesmo entre essas confissões, autores pós-milenistas e até pré-milenistas.

O amilenismo pode ser entendido, de forma gráfica, na ilustração a seguir.

Figura 3.2 – Visão amilenista

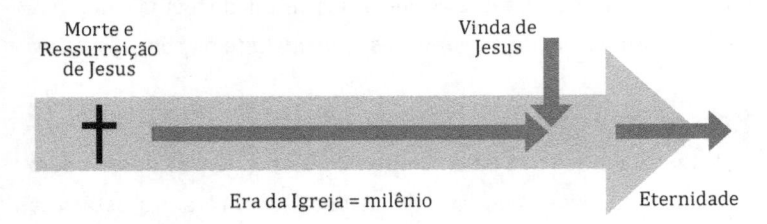

Morte e Ressurreição de Jesus

Vinda de Jesus

Era da Igreja = milênio

Eternidade

Como é possível perceber no esquema anterior, trata-se uma estrutura de pensamento muito simples: a primeira vinda de Jesus inaugurou a era da Igreja, que se diferencia pelo poder da Igreja para testemunhar. Assim, o poder de influência de Satanás impede que as nações sejam enganadas. Essa era é, então, a **interpretação simbólica** de Apocalipse, 20 a respeito do milênio. Ao findar essa era, Jesus viria em glória separar seus escolhidos, o Juízo Final de justos e ímpios aconteceria e iniciaria-se a eternidade de glória para os santos e de punição eterna para os hereges.

Como todo sistema doutrinário e religioso, os defensores do amilenismo tentam inicialmente fundamentá-lo por meio do argumento da autoridade de alguns proponentes de renome na história do cristianismo. Sobre essa questão, vale novamente citar Erickson (2010, p. 90-91), que estabelece essa reivindicação de autores famosos tanto entre os amilenistas quanto entre os pós-milenistas:

> *Homens como Agostinho (354-430), João Calvino (1509-1564) e Benjamin B. Warfield (1851-1921) têm sido reivindicados pelos dois grupos. Se não forem consideradas as questões específicas que separam as duas posições, pode-se enunciar a posição defendida de forma pouco clara. Isso tem gerado muita confusão. A maioria dos amilenistas tende a estabelecer a distinção de seu pensamento com a posição do pré-milenismo em vez do pós-milenismo, e a maioria tem demonstrado considerável*

empatia para com o pós-milenismo. Na verdade, muitos amilenistas são antigos pós-milenistas. Isso tem confundido ainda mais as diferenças entre os dois pontos de vista.

Quanto às dificuldades do sistema, Erickson (2010, p. 90) esclarece que, embora seja um sistema claro e simples, também "apresenta dificuldades peculiares". O amilenismo nega um reino terreno de Cristo de mil anos e se opõe, principalmente, ao pré-milenismo em vários aspectos. O autor entende, ainda, que o sistema tem sido explicado de diferentes maneiras por seus proponentes e que seria possível subdividi-lo em subtipos (Erickson, 2010, p. 90).

Dois outros fatores diferem na interpretação amilenistas: (1) a literalidade da interpretação das profecias do Antigo Testamento (AT); e (2) o papel de Israel na era da Igreja. Os amilenistas tendem a interpretar as profecias do AT de forma menos literal do que os pré-milenistas. Não veem necessidade alguma de haver um período de mil anos literais na Terra para que essas profecias sejam cumpridas, pois entendem que elas se cumprem de forma simbólica na história da Igreja ou se cumprirão na eternidade, nos novos céus e na nova Terra.

Pode-se notar essa interpretação simbólica no seguinte comentário sobre o texto de Isaías, 2: 2-4[2]:

> *E acontecerá, nos últimos dias, que se firmará o monte da Casa do SENHOR no cume dos montes e se exalçará por cima dos outeiros; e concorrerão a ele todas as nações. E virão muitos povos e dirão: Vinde, subamos ao monte do SENHOR, à casa do Deus de Jacó, para que nos ensine o que concerne aos seus caminhos, e andemos nas suas veredas; porque*

---

2 Todas as citações bíblicas foram retiradas da versão ARC (Almeida Revista e Corrigida) da Sociedade Bíblica do Brasil, edição 2009, exceto quando indicada outra versão.

de Sião sairá a lei, e de Jerusalém, a palavra do SENHOR. E ele exercerá o seu juízo sobre as nações e repreenderá a muitos povos; e estes converterão as suas espadas em enxadões e as suas lanças, em foices; não levantará espada nação contra nação, nem aprenderão mais a guerrear.

O comentário é o que segue:

> **Em dias futuros** *traduz uma frase que literalmente significa "depois destes dias". Os hebreus não consideravam o futuro como fazemos. Ao contrário, olhavam para o passado e retrocediam para o futuro. Dessa forma o passado ficava diante deles e o futuro atrás. Por isso essa frase não é de caráter técnico no AT como uma referência a uma era milenar ou ainda um período para além daquele. É possível encontrar evidência de seu significado nos costumes de Gênesis 49.1; Números 24.14; Deuteronômio 31.29; Jeremias 23.20; 30.24, onde os eventos mencionados estão dentro do tempo e não no final do tempo ou além dele. Não obstante, isso não equivale negar que a frase possa ser usada de uma forma mais técnica (cf. Jr 48.47; 49.39; Ez 38.16; Dn 10.14; Os 3.5) para indicar a consumação da história. Importante mesmo é avaliar o contexto e ver como a frase está sendo usada. Com base nela, não se pode dizer que essa passagem só pode ter referência à era milenar. Num sentido mais próximo, ela pode estar relacionada à era da Igreja quando as nações afluem para Sião com o fim de aprender com ela os caminhos de Deus por meio de sua encarnação em Cristo. Por certo que esperamos a segunda vinda de Cristo para o pleno cumprimento dessa promessa, mas o cumprimento parcial começou no Pentecoste.* (Oswalt, 2011, p. 153, grifo nosso)

É possível notar, aqui, o uso da estrutura de pensamento hebraico para fundamentar uma visão atemporal e não cronológica. Logo em seguida, é feita uma interpretação simbólica, relacionando o cumprimento profético com a Igreja e o Pentecostes e, por último, evita-se entender literalmente os termos proféticos e transfere-se o restante do cumprimento na vinda de Cristo, sem relacionar essa vinda com qualquer era milenar.

Quanto àquela segunda questão, os amilenistas entendem que não há mais distinção entre o Israel étnico e a Igreja. Assim, todas as profecias referentes ao Israel étnico se cumpriram ou se cumprirão na história da Igreja Cristã.

3.1.2 Pós-milenismo

Nas publicações brasileiras, não encontramos uma presença tão marcante de posições pós-milenistas, à exceção de Strong, com sua *Teologia sistemática* (2003), e de R.C. Sproul, em seu livro *Estes são os últimos dias?* (2015). À parte desses grandes e respeitáveis autores, localizamos somente discussões e explicações dessa corrente em *sites*[3] sobre o assunto. Contudo, segundo Boettner (2002), o pós-milenismo não está morto:

> *A posição pós-milenar foi muito negligenciada durante a terceira parte do século passado; a maioria das discussões foi centralizada em torno de Pré-Milenismo e Amilenismo. Isto conduziu alguns a concluir que o Pós-Milenismo não é tão digno de séria consideração. Alexander Reese, por exemplo, um Pré-Milenista, em seu livro "A Aproximação do Advento de Cristo" (1937), expressou sua opinião nestas palavras: "Aqui alguém pode senão fazer a arbitrária declaração de que a interpretação pós-milenar de Orígenes, Jerônimo, Agostinho, e da maioria dos teólogos da Igreja desde então, está agora tão morta como a Rainha Ana, e da mesma forma honoravelmente enterrada" (p. 308). Dr. Lewis Sperry Chafer em uma Introdução ao livro do Dr. Charles Feinberg,*

---

3   Confira: Boettner (2002).

"Pré-Milenismo ou Amilenismo?" (1936), disse: "O Pós-Milenismo está morto"; uma declaração que ele mais tarde qualificou, dizendo que está morto no sentido que ele [o Pós-Milenismo] não oferece nenhuma voz viva em sua própria defesa quando a questão milenar está sob discussão. Isso, todavia, não é verdade hoje, e isso foi no mínimo discutível no tempo em que foi feita. Semelhantemente também, a opinião do Dr. Feinberg foi indicada pelo título de seu livro, e por sua quase completa ignorância do Pós-Milenismo.

Quanto à defesa histórica do pós-milenismo na confissão reformada:

O pós-milenismo foi defendido amplamente entre os puritanos. Ele também foi a visão dominante entre teólogos reformados dos séculos dezoito e dezenove. Foi ensinado, por exemplo, por homens como Jonathan Edwards, Charles Hodge, James Henley Thornwell, A.A. Hodge e B.B. Warfield. Por terem os liberais adotado uma versão humanista dessa escatologia, o pós-milenismo sofreu um declínio no século vinte, mas tem sido visto um ressurgimento nos últimos vinte ou trinta anos. Livros que apoiam essa visão foram publicados por homens como Loraine Boettner, J. Marcellus Kik, Kenneth Gentry, John Jefferson Davis e eu mesmo. (Mathison, 2014)

Talvez a dificuldade em aceitar a perspectiva pós-milenista resida em seu aspecto positivo de uma **melhora do mundo** e de uma tendência atual de ver nossa era como a pior de todos os tempos. Contudo, essa visão pessimista da história, além de não ser novidade, nem sempre se adequa aos fatos atuais. Embora os noticiários deem grande ênfase a aspectos sombrios da realidade, uma análise da vida na Antiguidade, na era medieval e até nos primeiros momentos da Revolução Industrial demonstrará que nossa época vivencia prosperidade, bem-estar social, acesso à informação e crescimento do cristianismo em níveis nunca testemunhados na história – o que, no mínimo, favoreceria a visão pós-milenista na escatologia, sem levar em conta os vários textos que parecem indicar um avanço do Reino de Deus e um triunfo do Evangelho.

Em defesa do pós-milenismo e ciente das oposições à sua visão, Gentry Jr. (2005, p. 20) afirma: "O pós-milenarismo espera que a grande maioria da população mundial se converta a Cristo como consequência da proclamação do evangelho pelo poder do Espírito. À luz das condições do mundo atual, muitos cristãos estão surpresos com a resistência da esperança pós-milenar".

A posição pós-milenista pode ser visualizada na figura a seguir.

Figura 3.3 – Visão pós-milenista

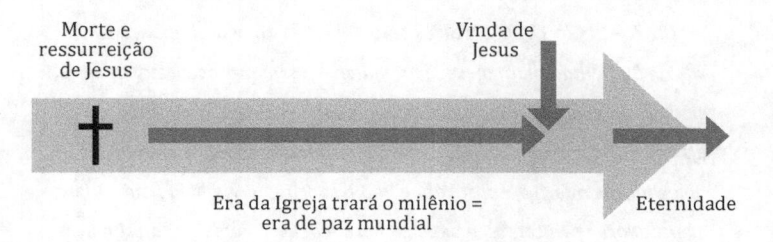

[Figura: seta horizontal com "Morte e ressurreição de Jesus" à esquerda, "Vinda de Jesus" ao centro, "Era da Igreja trará o milênio = era de paz mundial" abaixo, e "Eternidade" à direita]

Nessa figura, é possível verificar a interpretação do plano escatológico do grupo *pós-milenista*, que recebe esse nome justamente por não incluírem nesse plano um milênio literal entre a ressurreição e a vinda de Jesus.

3.1.3 Pré-milenismo

A história da Igreja em seus primeiros séculos parecia aguardar, pelo menos de forma mais clara e segundo a maior parte dos escritos patrísticos, um reino milenar de Cristo na Terra em um futuro escatológico quando ele retornasse em sua segunda vinda.

Basicamente, essa visão não era questionada até o fim do quarto século, momento em que um tal Ticônio (390 d.C.), um seguidor da seita donatista, propôs uma interpretação do Apocalipse distinta da visão milenista prevalecente até então. Essa interpretação foi legitimada por Agostinho com algumas modificações e tornou-se a interpretação predominante na Igreja Cristã, adotada pelos reformadores e continuada pelos reformados[4].

Sobre a antiguidade da doutrina milenarista, Kelly (1994, p. 354) explica:

> *Justino, para enfrentar críticos judeus, vasculha o Antigo Testamento procurando provas de que o Messias deveria ter duas vindas. Seu argumento é que, embora numerosos contextos sem dúvida façam predições sobre Sua vinda em humildade, existem outros (e.g. Is 52.8-12; Ez 7s; Dn 7.9-28; Zc 12.10-12; Sl 72.1-20; 110.1-7) que dão indicações claras de Sua vinda em majestade e poder. A primeira ocorreu por ocasião da encarnação, mas esta última ainda se encontra no futuro. Ele afirma que ela acontecerá em Jerusalém, onde Cristo será reconhecido pelos judeus que O desonraram como o sacrifício que beneficia todos os pecadores penitentes, e onde comerá e beberá com Seus discípulos; e reinará ali durante mil anos. Essa doutrina milenistas, ou "quiliasta", tinha ampla aceitação naquela época. "Barnabé" ensinava que o Filho de Deus, aparecendo no início do sétimo milênio, reinaria com os justos até que viesse a existir um novo universo, no despontar do oitavo milênio; [...] Papias esperava, profundamente maravilhado, que, naquela época, as profecias do Antigo Testamento acerca de uma fertilidade sem precedentes nos campos e nas vinhas fossem cumpridas literalmente. Numa linha de pensamento parecida, Justino escreve acerca do milênio*

---

4 Para mais detalhes sobre a história da interpretação de Ticônio e sua influência em Agostinho, veja Erickson (2010, p. 69-74).

idílico, quando Jerusalém será reconstruída e ampliada, e cristãos, junto com os patriarcas, habitarão ali com Cristo, em perfeita felicidade. Ele admite que conhece cristãos piedosos e sinceros que não partilham dessa crença, mas, tal como outros, ele a considera plenamente autorizada pelas predições de Isaías, de Zacarias e dos profetas, para não citar o livro de Apocalipse, e, a seus olhos, é evidente que ela é um artigo inquestionável de ortodoxia.

Por essas e outras evidências, entende-se que o cristianismo dos primeiros séculos era pré-milenista por natureza, e que as interpretações das linhas pós-milenista e amilenista só vieram a prevalecer depois da forte influência agostiniana na teologia ocidental. Nessa visão reformada, há poucos pré-milenistas, mas podemos citar o conhecido James Montgomery Boice (1938-2000)[5].

O pré-milenismo pode ser simplificado de acordo com a figura exposta a seguir.

Figura 3.4 – Visão pré-milenista

Morte e ressurreição de Jesus — Vinda de Jesus e arrebatamento — Eternidade

Era da Igreja — Milênio literal

Uma crítica ao pré-milenismo é feita com base em suas interpretações literalistas das profecias do AT e de sua ênfase em uma única passagem (Apocalipse, 20), que, segundo seus críticos, controla toda a sua escatologia. Quanto à afirmação de sua antiguidade,

---

5 Para a visão pré-milenista de Boice, consulte Boice (2012).

os críticos do sistema dirão que a Igreja dos primeiros séculos ainda não tinha desenvolvido uma doutrina escatológica e consideram que a visão de um reinado de Cristo durante mil anos estava associada a uma concepção de que a Terra duraria 6 mil anos e, depois desse tempo, o milênio seria uma espécie de **descanso sabático**. Portanto, considera-se essa visão milenarista inicial da igreja como um **erro** que foi posteriormente corrigido, principalmente com a visão de Agostinho e dos reformadores.

Críticas ao sistema também são feitas em virtude do relacionamento estrito do pré-milenismo com o sistema dispensacional – que não devem ser necessariamente vistos como sistemas obrigatoriamente relacionados, pois há pré-milenistas não dispensacionalistas. Outra crítica à interpretação pré-milenista é feita por Berkhof (2012, p. 658):

> A teoria premilenista se enreda em todas as espécies de dificuldades insuperáveis, com a sua doutrina do milênio. É impossível entender como uma parte da velha terra e da humanidade pecadora poderá coexistir com uma parte da nova terra e de uma humanidade já glorificada. Como poderão os santos glorificados ter comunhão com pecadores na carne? Como poderão os santos glorificados viver nesta atmosfera sobrecarregada de pecado e em cenário de morte e decadência? Como poderá o Senhor da glória, o Cristo glorificado, estabelecer o seu trono na terra enquanto esta não for renovada?[6]

As visões milenares anteriormente abordadas permitem, agora, analisar as subdivisões da doutrina escatológica em seus outros

---

6   O autor permanece com esse tipo de argumento, que parece razoável, mas se esquece de que o Cristo glorificado viveu nesse estado durante 40 dias após sua ressurreição, conviveu com os discípulos, comeu com eles e depois foi elevado às alturas nesse mesmo estado.

elementos de debate, referentes às questões do arrebatamento e da tribulação.

Estudo de caso

> A segunda vinda de Cristo trará Satanás e seus ajudadores sob controle, prendendo-os por mil anos. Sem isto, naturalmente, as condições que se acham no milênio seriam impossíveis. Perto do fim do milênio, no entanto, Satanás será solto por um breve tempo, e se empreenderá numa luta final desesperada. Depois, ele e seus demônios serão completamente vencidos, e lançados no lago de fogo preparado para eles.
>
> Fonte: Erickson, 2010, p. 113.

É possível identificar claramente que o texto expõe a posição escatológica a respeito do milênio conhecida como *pré-milenismo*. Tal inferência pode ser deduzida pela questão hermenêutica, ou seja, o modo de interpretar o texto de Apocalipse, 20. A interpretação adotada pela posição pré-milenista é literal, ou seja, os mil anos descritos no texto são mil anos literais, em que Satanás e seus demônios estarão aprisionados. O autor comenta que essa é uma necessidade lógica da posição pré-milenista, já que, se isso não ocorrer literalmente, não poderia haver um reino de paz e harmonia literais no período chamado *milênio*. Outro ponto importante ao analisar o comentário de Erickson sobre a doutrina pré-milenista é verificar que, de acordo com essa visão, os eventos em Apocalipse, 20 são uma sucessão em ordem cronológica: (1) aprisionamento de Satanás; (2) mil anos de reinado de Cristo na Terra; (3) Satanás é solto por um período de tempo para enganar as nações; (4) Satanás é vencido por Jesus e lançado no lago de fogo; (5) inicia-se o Juízo Final; (6) a eternidade começa.

Outro exercício proveitoso é ler comentários sobre o cap. 20 de Apocalipse nas outras duas visões – pós-milenismo e amilenismo –, analisando o princípio hermenêutico adotado: Simbólico? Tipológico? Literal?

Síntese

Neste capítulo, destacamos a importância da questão do milênio nos estudos escatológicos. Foi possível perceber que o tema é central para entender as diferentes interpretações escatológicas sobre as últimas coisas. O pré-milenismo apresenta uma visão mais literalista na interpretação de Apocalipse, ao passo que o pós-milenismo e o amilenismo têm interpretações mais simbólicas na compreensão do mesmo tema.

Atividades de autoavaliação

1. Sobre o termo *quiliasmo*, é possível afirmar:
    i) Tem origem em uma palavra grega que significa *mil*.
    ii) Tem origem em uma palavra grega que significa *tribulação*.
    iii) Tem origem em uma palavra grega que significa *últimas coisas*.
    iv) Tem origem em uma palavra grega que significa *vinda*.
    v) Tem origem em uma palavra grega que significa *revelação*.

Agora, assinale a alternativa que apresenta apenas os itens corretos:

a) I e III.
b) III e IV.
c) I e II.
d) I.
e) II, IV e V.

2. Quanto ao debate sobre o milênio, é possível afirmar:
   i) É uma questão secundária na escatologia, pois se fundamenta em uma concepção errada a respeito dos livros proféticos.
   ii) É uma questão central no debate escatológico.
   iii) É uma questão debatida somente pelos grupos sectários cristãos.
   iv) É uma questão que comporta três diferentes visões escatológicas: o pré-milenismo, o amilenismo e o pós-milenismo.
   v) É uma visão medieval já superada pelas novas abordagens escatológicas.

Agora, assinale a alternativa que apresenta apenas os itens corretos:

a) II e III.
b) I e IV.
c) V.
d) II e IV.
e) I, II, III, IV e V.

3. A respeito do amilenismo, é possível afirmar:
    I) Não se preocupa com a questão milenar.
    II) Entende que a Igreja passará pelo milênio na Terra com Cristo.
    III) Entende que o milênio é simbólico, e não literal.
    IV) Entende que não haverá um reinado terreno de Cristo durante mil anos literais.
    V) Entende que o milênio será só para o povo de Israel.

    Agora, assinale a alternativa que apresenta apenas os itens **incorretos**:

    a) I.
    b) III.
    c) II e III.
    d) II.
    e) I, II e V.

4. Quanto ao pós-milenismo, é possível afirmar:
    I) Entende que não há qualquer tipo de visão milenar na Bíblia.
    II) Entende que somente o livro de Apocalipse tem uma interpretação literal do milênio.
    III) Não vê a necessidade de um reino milenar literal.
    IV) Interpreta Apocalipse, 20 de maneira simbólica.
    V) Entende que a Igreja trará uma era de paz com o avanço da pregação do Evangelho.

Agora, assinale a alternativa que apresenta apenas os itens corretos:

a) V e I.
b) II e V.
c) III, IV e V.
d) I, II, III, IV e V.
e) V.

5. Sobre o pré-milenismo, é possível afirmar:
   I) Entende que Apocalipse, 20 deve ser interpretado de forma literal.
   II) Interpreta as profecias do Antigo Testamento de forma literal, em um cumprimento das promessas de Deus para Israel no milênio.
   III) Interpreta Apocalipse, 20 como uma era terrena de paz sob o reinado de Jesus Cristo.
   IV) Entende que Cristo vem para reinar durante mil anos na terra antes do Juízo Final.
   V) Entende que o milênio é simbólico e ocorrerá após o Juízo Final, na eternidade com Cristo.

Agora, assinale a alternativa correta:

a) Todas as afirmativas são verdadeiras.
b) Todas as afirmativas são falsas.
c) Somente a afirmativa V é falsa.
d) Somente a afirmativa V é verdadeira.
e) Somente a afirmativa IV é verdadeira.

Atividades de aprendizagem

Questões para reflexão

1. Por que o milênio é tão importante para entender as diferentes interpretações cristãs sobre as últimas coisas? Qual a visão que mais se encaixa em sua própria forma de pensar?

2. Quais são os pontos de principal divergência entre as visões pré-milenista, pós-milenista e amilenista? Como você pode usar essas divergências para rever sua leitura dos textos escatológicos?

Atividade aplicada: prática

1. Assista ao vídeo a seguir e faça um fichamento respondendo: Quais são os pontos de converegência entre as perspectivas pré-milenista, amilenista e pós-milenista?

NICODEMUS, A. **Pré-milenismo ou amilenismo?** 2012. disponível em: <https://www.youtube.com/watch?v=ma8dv8l_jIE>. Acesso em: 5 ago. 2019.

capítulo quatro

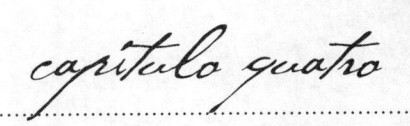

Outras opções clássicas na escatologia cristã

04

Neste capítulo, trataremos dos principais debates escatológicos relacionados ao arrebatamento e à tribulação. Essas também são questões de grande importância no estudo escatológico, pois configuram outro ponto de debate dentro das várias confissões teológicas presentes no cristianismo protestante. Pretendemos evidenciar o entendimento das principais divisões e subdivisões do pensamento escatológico nessas questões, com vistas a situar o leitor sobre como esses pensamentos complementam o sistema de raciocínio escatológico nas confissões cristãs.

Se não bastassem as dificuldades sobre a questão milenar, o campo escatológico parece confirmar as sátiras que brincam com as divergências a respeito das visões escatológicas: onde há dois comentaristas de escatologia, há três ou mais pensamentos diferentes. Brincadeiras à parte, motivos históricos antes mencionados revelam que a doutrina das últimas coisas gerou divergência já nos primeiros anos de disseminação do cristianismo – verificável no texto já citado de II Pedro, 3: 15, em que até mesmo o apóstolo, instrumento da revelação, aponta que os comentários de Paulo a respeito desses assuntos são difíceis de entender e que foram distorcidos pelos indoutos e ignorantes. Muito tempo depois, a dificuldade da questão apenas se acentuou, pois mesmo os não ignorantes e não instáveis divergem sobre as mais diferentes questões escatológicas. Como veremos a seguir, isso se mostra verdadeiro também na doutrina do arrebatamento e da tribulação.

4.1 Arrebatamento e tribulação

Nas perspectivas amilenista e pós-milenista, não há espaço para discussões quanto a um período chamado *grande tribulação*. Para essas visões, esse período ocorreu em vários momentos da história, e não em uma era específica, como percebem as visões milenista e dispensacionalista. Segundo Erickson (2010, p. 155), contudo, teoricamente, "as visões tribulacionista poderiam ser ligadas a quaisquer posições milenistas".

Para o pós-milenismo e o amilenismo, Cristo vem nas nuvens, imediatamente arrebata sua Igreja, julga os vivos e os mortos, e inicia-se a eternidade, sem período tribulacional (amilenismo atual) e sem período milenar literal. Portanto, as posições a respeito do arrebatamento e da grande tribulação são mais amplamente discutidas na perspectiva pré-milenista.

Os textos que se referem ao arrebatamento e à tribulação e que desencadeiam o debate da questão são apresentados a seguir.

I Tessalonicenses, 4: 15-18

Dizemo-vos, pois, isto pela palavra do Senhor: que nós, os que ficarmos vivos para a vinda do Senhor, não precederemos os que dormem. Porque o mesmo Senhor descerá do céu com alarido, e com voz de arcanjo, e com a trombeta de Deus; e os que morreram em Cristo ressuscitarão primeiro; depois, nós, os que ficarmos vivos, seremos arrebatados juntamente com eles nas nuvens, a encontrar o Senhor nos ares, e assim estaremos sempre com o Senhor. Portanto, consolai-vos uns aos outros com estas palavras.[1]

O vers. 17, em grego, traz a seguinte leitura:

ἔπειτα ἡμεῖς οἱ ζῶντες οἱ περιλειπόμενοι, ἅμα σὺν αὐτοῖς **ἁρπαγησόμεθα** ἐν νεφέλαις εἰς ἀπάντησιν τοῦ Κυρίου εἰς ἀέρα· καὶ οὕτω πάντοτε σὺν Κυρίῳ ἐσόμεθα. [grifo nosso]

"Depois, nós, os viventes os que permanecerem, ao mesmo tempo, com eles, **seremos arrebatados** em nuvens para encontro do Senhor nos ares. E assim o tempo todo com o Senhor estaremos." [grifo nosso]

O termo em destaque **ἁρπαγησόμεθα** (*harpagēssometha*) foi analisado como verbo na primeira pessoa do plural do futuro do indicativo passivo de ἁρπάζω = "tomo à força", "tiro", "arrebato"[2]. Como veremos, esse termo causa muita polêmica.

---

1 Todas as citações bíblicas foram retiradas da versão ARC (Almeida Revista e Corrigida) da Sociedade Bíblica do Brasil, edição 2009, exceto quando indicada outra versão.
2 Veja Taylor (2011, p. 34).

Marcos, 13: 24-27

24 Ora, naqueles dias, depois daquela aflição, o sol se escurecerá, e a lua não dará a sua luz. 25 E as estrelas cairão do céu, e as forças que estão nos céus serão abaladas. 26 E, então, verão vir o Filho do Homem nas nuvens, com grande poder e glória. 27 E ele enviará os seus anjos e ajuntará os seus escolhidos, desde os quatro ventos, da extremidade da terra até a extremidade do céu.

Mateus, 24: 30-31

30 Então, aparecerá no céu o sinal do Filho do Homem; e todas as tribos da terra se lamentarão e verão o Filho do Homem vindo sobre as nuvens do céu, com poder e grande glória. 31 E ele enviará os seus anjos com rijo clamor de trombeta, os quais ajuntarão os seus escolhidos desde os quatro ventos, de uma à outra extremidade dos céus.

Segundo o *Breve dicionário de teologia* (BDT), temos a seguinte explicação sobre a tribulação e o arrebatamento:

Tema comum na escatologia pré-milenarista. Fundamenta-se na primeira carta aos tessalonicenses 4.15-17, e afirma que a igreja será "arrebatada" para se unir a Cristo quando vier a parúsia. Entre aqueles que se preocupam com o arrebatamento e a ordem dos acontecimentos finais há três opiniões divergentes quanto à ordem cronológica do arrebatamento e da "grande tribulação". Os "pós-tribulacionistas", que sustentam que a igreja será parte da grande tribulação, e que somente depois dessa tribulação será levada a se unir a Cristo. Os "pré-tribulacionistas", que creem que o arrebatamento virá antes da grande tribulação e que a igreja, portanto, não passará pelas provas e dores dessa tribulação. Por último, os "mesotribulacionistas", que creem que o arrebatamento virá

> durante a grande tribulação, depois que surgir o anticristo, mas antes das grandes provas e castigos. (González, 2009, p. 48)

É importante ressaltar que as diferenças de interpretação dizem respeito aos detalhes do "quando", tendo em vista que até mesmo os amilenistas e pós-milenistas aceitam que haverá um arrebatamento. Os pré-tribulacionistas, no entanto, entendem que o arrebatamento acontece antes da grande tribulação e antes do milênio, ao passo que os pós-tribulacionistas acreditam que é depois da tribulação e antes do milênio. Já para os amilenistas e pós-milenistas, é no momento da segunda vinda, antes da eternidade.

Tendo definido e delimitado os campos de estudo dessa questão escatológica, podemos verificar as abordagens dessas visões com mais detalhes.

4.1.1 Arrebatamento pré-tribulacionista

O esquema pré-tribulacionista é complexo e entende algumas fases escatológicas antes da consumação de todas as coisas, como podemos conferir na figura a seguir.

Figura 4.1 – Visão pré-tribulacionista

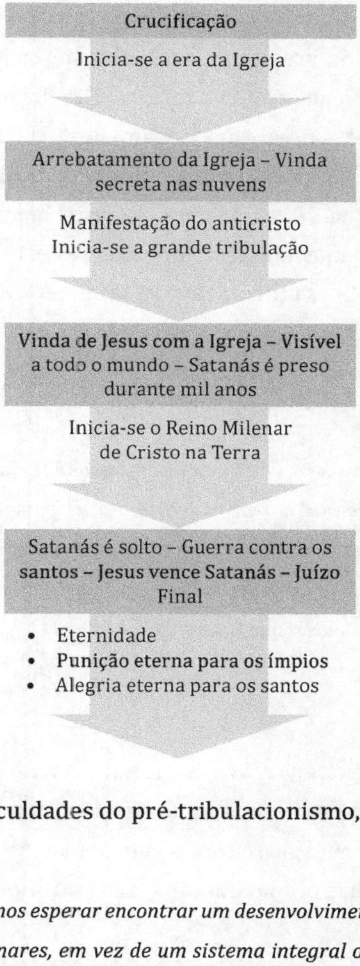

```
┌─────────────────────────────┐
│        Crucificação         │
└─────────────────────────────┘
     Inicia-se a era da Igreja
                ▼
┌─────────────────────────────┐
│ Arrebatamento da Igreja – Vinda │
│       secreta nas nuvens    │
└─────────────────────────────┘
   Manifestação do anticristo
   Inicia-se a grande tribulação
                ▼
┌─────────────────────────────┐
│ Vinda de Jesus com a Igreja – Visível │
│ a todo o mundo – Satanás é preso │
│       durante mil anos      │
└─────────────────────────────┘
   Inicia-se o Reino Milenar
     de Cristo na Terra
                ▼
┌─────────────────────────────┐
│ Satanás é solto – Guerra contra os │
│ santos – Jesus vence Satanás – Juízo │
│            Final            │
└─────────────────────────────┘
```
- Eternidade
- Punição eterna para os ímpios
- Alegria eterna para os santos

Sobre as dificuldades do pré-tribulacionismo, Gentry Jr. (2005, p. 16) explica:

> *Assim, deveríamos esperar encontrar um desenvolvimento gradual dos esquemas milenares, em vez de um sistema integral operante na história cristã primitiva. Por exemplo, John F. Walvoord confessa quando defende o dispensacionalismo: "Precisa ser reconhecido que a teologia avançada e detalhada do pré-tribulacionismo não é encontrada nos*

escritos patrísticos, nem em qualquer outra exposição detalhada e 'estabelecida' do pré-milenarismo".

A doutrina do arrebatamento pré-tribulacionista associa a grande tribulação ao grande e terrível Dia do Senhor anunciado por muitos profetas do Antigo Testamento (AT). Seria o dia da ira de Deus sobre as nações ímpias, um dia de vingança e de manifestação da justiça de Deus sobre a terra. Portanto, na lógica da doutrina pré-tribulacionista, a Igreja de Jesus estaria livre dessa ira. Os textos bíblicos utilizados para defender a doutrina são apresentados a seguir.

Isaías, 26: 20-21

20 Vai, pois, povo meu, entra nos teus quartos e fecha as tuas portas sobre ti; esconde-te só por um momento, até que passe a ira. 21 Porque eis que o Senhor sairá do seu lugar para castigar os moradores da terra, por causa da sua iniquidade; e a terra descobrirá o seu sangue e não encobrirá mais aqueles que foram mortos.

Apocalipse, 3: 10

"Como guardaste a palavra da minha paciência, também eu te guardarei da hora da tentação (*hōras tu peirasmu*–ὥρας τοῦ πειρασμοῦ) que há de vir sobre todo o mundo, para tentar os que habitam na terra."

Romanos, 5: 9

"Logo, muito mais agora, sendo justificados pelo seu sangue, seremos por ele salvos da ira."

Jeremias, 30: 7

"Ah! Porque aquele dia é tão grande, que não houve outro semelhante! E é tempo de angústia para Jacó; ele, porém, será salvo dela."

Segundo o pensamento pré-tribulacionista, esses e outros textos são suficientes para defender que a Igreja do Senhor Jesus não estará presente no período da grande tribulação. É "tempo de angústia para Jacó", que simboliza os judeus, e é dia de ira sobre os ímpios. Portanto, a Igreja estaria livre desse dia em um arrebatamento pré-tribulacional. A visão pré-tribulacionista é mais popularizada pelo sistema escatológico conhecido como *dispensacionalismo*, que veremos posteriormente. Tal doutrina entende que, nesse período de ira, em que a Igreja estará ausente, Deus prepararia o povo de Israel para a vinda do reino milenar e o reconhecimento do verdadeiro messias, que é Jesus Cristo. Em defesa do pré-tribulacionismo e seu tipo de interpretação literal, comenta Pentecost (2006, p. 249):

> *O arrebatamento pré-tribulacionista descansa essencialmente na premissa maior – o método literal de interpretação das Escrituras. Como complemento necessário a isso, os pré-tribulacionistas acreditam na interpretação dispensacionalista da Palavra de Deus. A igreja e Israel são dois grupos distintos para os quais Deus tem um plano divino. A igreja é um mistério não revelado no Antigo Testamento. Essa era*

de mistério presente insere-se no plano de Deus para com Israel por causa da rejeição ao Messias na Sua primeira vinda. Esse plano de mistério deve ser completado antes que Deus possa retomar seu plano com Israel e completá-lo. Tais considerações surgem do método literal de interpretação.

Outra crítica ao pensamento pré-tribulacionista é que ele não encontra apoio algum na história da Igreja. Há pré-milenistas e amilenistas, em maior ou menor grau, na história da Igreja, mas não se pode dizer o mesmo do pré-tribulacionismo, encontrado apenas muito posteriormente na história das doutrinas cristãs. Em contrapartida, há muitas referências que indicam uma crença da Igreja dos primeiros séculos na presença dos santos no período tribulacional[3].

Tendo delineado esse primeiro ensino quanto ao arrebatamento, agora podemos examinar os discordantes, que trazem interpretações distintas.

4.1.2 Arrebatamento pós-tribulacionista

O esquema pós-tribulacionista é um pouco mais simples, mas ainda mais complexo do que o amilenismo e o pós-milenismo. Esse esquema pode ser visto na figura a seguir.

---

3 Confira: Erickson (2010, p. 159-162). O contra-argumento pré-milenista é que as doutrinas escatológicas não eram plenamente desenvolvidas nos períodos iniciais da igreja e que, posteriormente, foram acrescentados novos detalhes que esclareçam as questões sobre as últimas coisas.

Figura 4.2 – Visão pós-tribulacionista

Crucificação
Inicia-se a era da Igreja

Manifestação do anticristo
Inicia-se a grande tribulação –
A igreja passa pela grande tribulação

Vinda de Jesus – Visível a todo o mundo – Satanás é preso durante mil anos
Inicia-se o Reino Milenar de Cristo na Terra

Satanás é solto – Guerra contra os santos – Jesus vence Satanás – Juízo Final

- Eternidade
- Punição eterna para os ímpios
- Alegria eterna para os santos

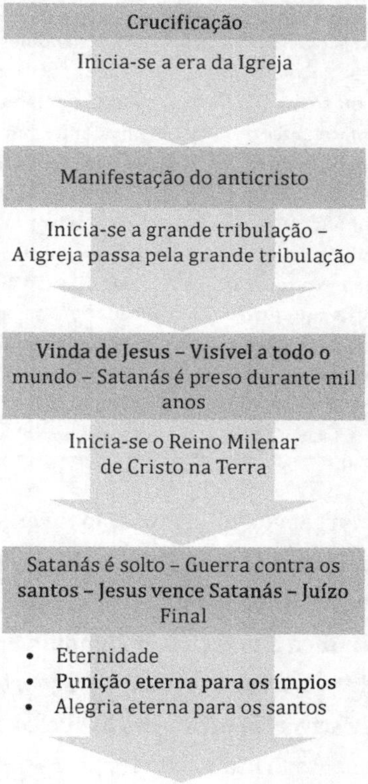

A doutrina do arrebatamento pós-tribulacionista tem forte apoio na história da Igreja Cristã. A tendência pré-milenista nos primeiros séculos era seguida por uma visão pós-tribulacionista bem contundente, sem qualquer expectativa de que a Igreja fosse livrada da grande tribulação.

O texto do *Didaquê*, obra do I-II século d.C., apresenta uma escatologia pré-milenista pós-tribulacionista, embora de interpretação controversa. Lemos no Capítulo XVI, 4-5:

Quadro 4.1 – *Didaquê* XVI, 4-5

4 αὐξανούσης γὰρ τῆς ἀνομίας μισήσουσιν ἀλλήλους καὶ διώξουσι καὶ παραδώσουσι, καὶ τότε φανήσεται ὁ κοσμοπλανὴς ὡς υἱὸσ θεοῦ, καὶ ποιήσει σημεῖα καὶ τέρατα, καὶ ἡ γῆ παραδοθήσεται εἰς χεῖρας αὐτοῦ, καὶ ποιήσει ἀθέμιτα, ἃ οὐδέποτε γέγονεν ἐξ αἰῶνος. 5 τότε ἥξει ἡ κτίσις τῶν ἀντρώπων εἰς τὴν πύρωσιν τῆς δοκιμασίας, καὶ σκανδαλισθήσονται πολλοὶ καὶ ἀπολοῦνται, οἱ δὲ ὑπομείναντες ἐν τῇ πίστει αὐτῶν σωθήσονται ὑπ' αὐτου τοῦ καταθέματος. (Didache, 2019)	4 Pois aumentando a iniquidade se odiarão uns aos outros e perseguirão e trairão, e então se manifestará o enganador do mundo com filho de Deus, e fará sinais e prodígios, e a terra será entregue nas mãos dele, e cometerá iniquidades, aquelas que jamais existiram desde os séculos. 5 Então virá a criação dos homens para o fogo da provação, e se escandalizarão muitos e serão destruídos, mas os que perseverarem na sua fé se salvarão da maldição dele. [tradução nossa]

O texto tem margem de interpretação divergente, mas parece indicar que se manifestará um "enganador do mundo" (o anticristo) e que os que perseverarem debaixo de sua opressão serão salvos por sua fé, o que indica a presença dos santos no período tribulacional. Não fica claro, porém, se o texto fala sobre todos os crentes ou apenas os que estiverem presentes naquele período.

Conforme comenta Erickson (2010, p. 161-162), os escritos de Irineu (130-200 d.C.) "revelam que era completamente pré-milenista, mas que não acreditava num arrebatamento antes da tribulação. Pelo contrário, via Cristo chegando ao fim da tribulação para destruir o Anticristo e livrar sua igreja".

4.1.3 Arrebatamento mesotribulacionista

O esquema meso-tribulacionista é o mais complexo, compreendendo muitas fases escatológicas antes da consumação de todas as coisas, como podemos ver na figura a seguir.

Figura 4.3 – Visão meso-tribulacionista

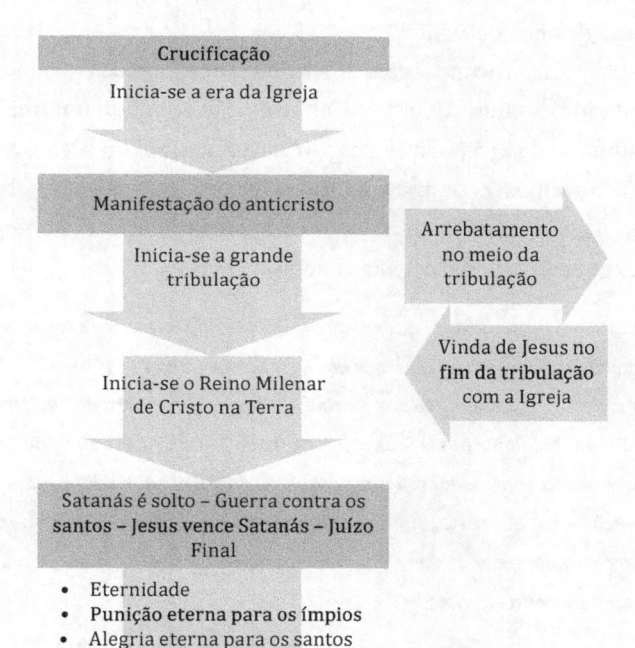

```
┌─────────────────────────────┐
│        Crucificação         │
│   Inicia-se a era da Igreja │
└─────────────────────────────┘
              ↓

┌─────────────────────────────┐      ┌──────────────┐
│  Manifestação do anticristo │      │ Arrebatamento│
│     Inicia-se a grande      │      │  no meio da  │
│        tribulação           │      │  tribulação  │
└─────────────────────────────┘      └──────────────┘

                                     ┌──────────────┐
┌─────────────────────────────┐      │Vinda de Jesus no│
│ Inicia-se o Reino Milenar   │ ←    │ fim da tribulação│
│    de Cristo na Terra       │      │   com a Igreja  │
└─────────────────────────────┘      └──────────────┘
              ↓

┌─────────────────────────────┐
│ Satanás é solto – Guerra contra os │
│ santos – Jesus vence Satanás – Juízo│
│             Final            │
└─────────────────────────────┘
  • Eternidade
  • Punição eterna para os ímpios
  • Alegria eterna para os santos
```

O meso-tribulacionismo, ou mid-tribulacionismo, não é muito popular nem muito aceito pela maioria dos teólogos, embora tenha proponentes importantes na tradição protestante, como: Gleason L. Archer (1880-1966), Norman Harrison (1874-1960), J. Oliver Buswell (1895-1976), Merrill C. Tenney (1904-1985) e G. H. Lang (1874-1958)[4].

Em sua definição do mesotribulacionismo, Erickson (2010, p. 202) afirma: "O mesotribulacionismo é o ponto de vista de que a igreja passará pela primeira metade daquilo que é identificado

---

4   Confira: House (2000, p. 84).

como a grande tribulação ou como os sete anos da septuagésima semana de anos de Daniel".

Essa posição é ainda mais difícil de ser encontrada em qualquer fase da história das doutrinas cristãs, não sendo defendida por nenhum Pai da Igreja ou teólogo anterior ao final do século XIX e início do século XX. Os argumentos a favor de uma visão mesotribulacional por Buswell e pelos defensores dessa posição escatológica são explicados no texto de Erickson (2010, p. 205):

> A igreja deve aguardar "do céu seu [de Deus] Filho, a quem ele ressuscitou dentre os mortos, Jesus, que nos livra da ira vindoura" (1 Ts 1.10; cf. Mt 3.7; Lc 3.7). "Deus não nos destinou para a ira, mas para alcançar a salvação mediante nosso Senhor Jesus Cristo" (1 Ts 5.9). Buswell resumiu, dizendo: "Embora essas referências à salvação da ira não declarem especificamente, por si sós, que o arrebatamento da igreja ocorrerá antes do derramamento das taças da ira, mesmo assim, estão em harmonia com esse ponto de vista".

Há porém, mais provas específicas de que a Igreja será arrebatada antes de as taças da ira serem derramadas. Certos detalhes chegam até o ponto central desse período de sete anos (a tribulação). A "abominação" chega "no meio dos sete", ou seja, no meio do período de sete anos.

É interessante notar que a posição mesotribulacionistas tenta ser o equilíbrio entre certas afirmações bíblicas de um período em que o anticristo dominará e se oporá à Igreja e às dificuldades inerentes de ter de passar por um período de ira divina que nunca houve na história – somando a isso os textos citados, segundo os quais não passaríamos por tal ira.

Após a explanação dessas diversas posições escatológicas relacionadas ao arrebatamento e à tribulação, há ainda dois últimos sistemas escatológicos a serem estudados dentro da tradição ortodoxa protestante: o dispensacionalismo e o aliancionismo, que veremos no capítulo seguinte.

Estudo de caso

A natureza do arrebatamento

O Arrebatamento é apresentado pela primeira vez por Jesus (Jo 14: 1-3), no Discurso do Cenáculo (Jo 13-16), quando Ele revelou aos Seus discípulos a verdade sobre a nova era da Igreja, na noite anterior à Sua morte. Paulo expande a apresentação que Jesus fez sobre o Arrebatamento em uma de suas primeiras cartas, em 1 Tessalonicenses 4: 13-18. A frase *"seremos arrebatados"* (1Ts 4: 17) traduz a palavra grega *harpazo*, que significa "seremos arrancados com força" ou "seremos apanhados". Os tradutores da Bíblia para a língua latina usaram a palavra *rapere*, raiz do termo "raptar" e do termo "arrebatar". No Arrebatamento, os crentes que estiverem vivos serão "arrebatados" nos ares, trasladados entre nuvens, onde Cristo estará pairando, em um instante no tempo.

O Arrebatamento é caracterizado como uma "vinda para trasladar" (1Co 15: 51-52; 1Ts 4: 15-17), quando Cristo virá **para** Sua igreja. O Segundo Advento é Cristo retornando **com** Seus santos que foram previamente arrebatados, descendo dos céus para estabelecer Seu Reino terreno (Zc 14: 4-5; Mt 24: 27-31).

Fonte: Ice, 2019, grifos do original.

Faça uma leitura analítica do texto anterior de modo a perceber qual a posição do autor a respeito do arrebatamento e da grande tribulação. Mas, como os temas e as posições são complexos, destacaremos algumas expressões que podem auxiliar:

"O Arrebatamento é caracterizado como uma 'vinda para trasladar' (1Co 15: 51-52; 1Ts 4: 15-17), quando Cristo virá **para** Sua igreja. O Segundo Advento é Cristo retornando **com** Seus santos que foram previamente arrebatados, descendo dos céus para estabelecer Seu Reino terreno (Zc 14: 4-5; Mt 24: 27-31)" (Ice, 2019, grifo do original).

Note que o próprio autor destacou os termos *para* e *com* relacionando dois eventos distintos. Em um deles, Cristo viria **para** Sua igreja. Até aqui, poderíamos confundir as três posições sobre o milênio, pois todas entendem que Jesus viria para Sua Igreja e que haveria um arrebatamento. As divergências são a respeito de **quando**.

Os amilenistas entendem que Cristo viria de uma vez por todas, arrebataria sua Igreja e iniciariam-se o Juízo Final e a eternidade. Os pós-milenistas acreditam que a Igreja avançaria, trazendo uma era de paz (milênio). Jesus, então, viria, arrebataria sua Igreja e iniciariam-se o Juízo Final e a eternidade. Já os pré-milenistas inferem que Jesus viria, arrebataria Sua Igreja e seria, então, iniciada a era milenar de paz. Depois é que viriam o Juízo Final e a eternidade.

Perceba que afirmar que haverá um arrebatamento pode ser aceito por qualquer posição sobre o milênio. É a segunda parte do texto que esclarece em detalhes a posição do autor: "O Segundo Advento é Cristo retornando **com** Seus santos que foram previamente arrebatados, descendo dos céus para estabelecer Seu Reino terreno" (Ice, 2019, grifo do original). Ao grifar a palavra *com*, o autor revela que acredita em dois momentos da vinda de Jesus. Um é chamado de *arrebatamento*, que, segundo ele, seria o momento em que Cristo viria *para* Sua Igreja – ou seja, subentende-se que o autor vê um primeiro evento "secreto", invisível ao mundo.

Em um segundo evento, denominado por ele de *Segundo Advento*, Cristo viria *com* Sua Igreja. Concluímos, portanto, por essas afirmações, que ele é pré-tribulacionista, pois entende o arrebatamento *para* a Igreja e o Advento *com* a Igreja. Já sua crença no pré-milenismo fica evidente na expressão seguinte: "[...] descendo dos céus para estabelecer Seu Reino terreno" (Ice, 2019). Somente os pré-milenistas creem no estabelecimento de um reino terreno, pois, para o amilenismo, Cristo já reina e, para o pós-milenismo, não há a necessidade de Cristo estabelecer um reino terreno.

Como um exercício de fixação dos conteúdos deste capítulo, analise também outros textos com vistas a identificar a posição do autor.

Síntese

Neste capítulo, analisamos a importância da tribulação nos estudos escatológicos. Assim como as visões do milênio, as visões sobre a tribulação dividem as opiniões cristãs a respeito das últimas coisas. Evidenciamos as relações presentes entre o arrebatamento e a tribulação, destacando que as diferenças entre as visões tribulacionistas estão relacionadas ao momento em que ocorre o arrebatamento.

Atividades de autoavaliação

1. Sobre o termo *tribulação* na escatologia, analise as afirmativas a seguir.
    I) Trata-se de período de mil anos em que a Igreja sofrerá perseguições.
    II) É uma doutrina principalmente ligada ao pré-milenismo sobre um período de tribulação governado pelo anticristo.
    III) A palavra refere-se às aflições de cada crente no dia a dia.

iv) É uma palavra de origem grega que significa "segunda vinda".
v) Trata-se de um termo relacionado ao Juízo Final.

Agora, assinale a alternativa que apresenta apenas os itens corretos:

a) I e III.
b) III e IV.
c) I e II.
d) II.
e) II, IV e V.

2. Quanto ao *arrebatamento*, é possível afirmar que é um termo utilizado:
   i) somente pelas posições pós-tribulacionistas, referindo-se ao fim dos tempos.
   ii) somente pelos amilenistas, para se referirem ao arrebatamento pré-tribulacional.
   iii) somente pelos pré-milenistas.
   iv) somente pelos pós-tribulacionistas.
   v) em todos os sistemas escatológicos, mas com visões diferentes sobre o momento e a maneira como ocorre.

Agora, assinale a alternativa que apresenta o item correto:

a) I.
b) III.
c) V.
d) IV.
e) III.

3. Quanto à posição pré-tribulacionista, analise as afirmativas a seguir.
   I) É a principal posição dentro das igrejas reformadas.
   II) Afirma que o milênio é simbólico.
   III) Afirma que o arrebatamento é simbólico.
   IV) Afirma que o arrebatamento da Igreja ocorre antes da tribulação.
   V) Afirma que a Igreja não passará pela grande tribulação.

   Agora, assinale a alternativa que apresenta apenas os itens corretos:

   a) I e III.
   b) III.
   c) II, III e V.
   d) IV e V.
   e) V.

4. Sobre o pós-tribulacionismo, é possível afirmar:
   I) Foi uma posição escatológica presente somente no terceiro século e não existente mais.
   II) Foi uma posição escatológica medieval e defendida somente pelos puritanos.
   III) Foi uma posição defendida somente pelos grupos sectários do século XIX.
   IV) Trata-se uma posição defendida pela Igreja Católica.
   V) Trata-se uma posição que entende que a Igreja passará pela grande tribulação.

Agora, assinale a alternativa correta:

a) Somente a afirmativa I é falsa.
b) Somente aa afirmativa I é verdadeira.
c) As afirmativas I e II são verdadeiras.
d) Somente a afirmativa V é verdadeira.
e) As afirmativas I, II e III são verdadeiras.

5. Quanto ao meso-tribulacionismo, é possível afirmar:
   I) Essa posição não existe dentro da escatologia, sendo uma doutrina eclesiológica.
   II) Entende que a Igreja passará somente pelos primeiros três anos e meio da grande tribulação.
   III) Defende que o anticristo é parte gentio, parte judeu.
   IV) Entende que os primeiros mil anos da igreja foram uma parte da tribulação e que os outros anos são de paz.
   V) Acredita que o anticristo só governará os primeiros três anos e meio da tribulação.

   Agora, assinale a alternativa que apresenta somente os itens corretos:

   a) I.
   b) II.
   c) III.
   d) I e II.
   e) III e II.

Atividades de aprendizagem

Questões para reflexão

1. Em sua comunidade religiosa, qual é o pensamento a respeito do arrebatamento e da tribulação? Há concordância entre as pessoas de sua comunidade? Caso você não pertença a nenhuma comunidade religiosa, qual posição você julga a mais coerente com as passagens estudadas neste capítulo?

2. Faça uma releitura dos textos utilizados para fundamentar as posições apresentadas neste capítulo e verifique: Será que as interpretações dadas a esses textos não procuram forçar a interpretação a se encaixar na posição escatológica? Será que você também já tentou adequar os textos ao seu pensamento?

Atividade aplicada: prática

1. Assista ao vídeo indicado a seguir e faça uma síntese destacando os textos analisados pelo autor e em qual das visões escatológicas sobre o arrebatamento e a grande tribulação o pensamento dele se encaixa.

NICODEMUS, A. **Tribulação vem antes ou depois do arrebatamento? Surpresa!** Disponível em: <https://www.youtube.com/watch?v=F-rxlrYyfTQ>. Acesso em: 5 ago. 2019.

capítulo cinco

Últimas opções clássicas na escatologia cristã

05

Neste capítulo, examinaremos os principais debates escatológicos relacionados aos sistemas mais amplos de pensamento escatológico, conhecidos como *dispensacionalismo clássico* e *aliancionismo clássico*. Destacaremos que essas visões são sistemas completos de pensamento que conduzem a interpretações divergentes sobre o modo de Deus agir na história humana, desde o princípio da criação até sua consumação. O objetivo é evidenciar as convergências e as divergências na análise dos textos escriturísticos dessas linhas de pensamento, bem como a formação do pensamento sobre as últimas coisas.

5.1 Dispensacionalismo clássico e aliancionismo clássico

Além das questões milenares do arrebatamento e da tribulação, que apresentam várias divisões no estudo escatológico, duas outras visões a respeito das últimas coisas dividem as opiniões entre os protestantes: o dispensacionalismo e o aliancionismo. Esse debate acontece em razão da realidade histórica neotestamentária da nova aliança, citada em Jeremias, 31: 31:

הִנֵּה יָמִים בָּאִים נְאֻם־יְהוָה וְכָרַתִּי אֶת־בֵּית יִשְׂרָאֵל וְאֶת־בֵּית יְהוּדָה **בְּרִית חֲדָשָׁה**׃

"Eis que dias vêm, diz o SENHOR, e firmarei uma aliança com a casa de Israel e com a casa de Judá, **uma nova aliança**." [grifo nosso]

Traduzido pela versão grega da seguinte forma:

Ἰδοὺ ἡμέραι ἔρχονται, φησὶ Κύριος, καὶ διαθήσομαι τῷ οἴκῳ Ἰσραὴλ καὶ τῷ οἴκῳ Ἰούδα **διαθήκην καινήν**.

Esse mesmo termo é usado repetidas vezes no Novo Testamento (NT) na expressão: ἡ καινὴ διαθήκη (*hē kainē diathēkē*), ou seja, o "Novo Testamento", a "nova aliança" (veja: Mateus, 26: 28; Marcos, 14: 24; Lucas, 22: 20; II Coríntios, 3: 6; Hebreus, 9: 15). A questão que sempre permeou a história da Igreja é como tratar a antiga aliança após a nova ter sido estabelecida. Existe uma continuidade – ou uma descontinuidade –, então, como entender a história da salvação no texto do Antigo Testamento (AT) após a revelação do NT? As respostas também se dividem em, pelo menos, dois grandes sistemas teológicos clássicos: o dispensacionalismo, sistema mais recente, e o aliancionismo, sistema tradicional da visão reformada.

5.1.1 Dispensacionalismo clássico

A palavra *dispensação* é a tradução da palavra grega *oikonomia* (οἰκονομία), utilizada no NT, em sentido escatológico, em várias passagens, como: I Coríntios, 9: 17; Efésios, 1: 10; Colossenses, 1: 25. A palavra é utilizada também com outras acepções, como *administração domiciliar* e *tarefa* (Lc 16.2-4).

O dispensacionalismo utilizou-se desse termo para criar um sistema de várias eras na história da humanidade em que Deus trata os seres humanos de uma forma distinta. Até o fim dos tempos, tal história humana e o tratamento dispensado por Deus foram divididos em sete dispensações. Sobre a visão do dispensacionalismo a respeito da história, é importante a análise de Berkhof (2012, p. 706):

> Deus trata o mundo da humanidade no transcurso da História com base em diversas alianças e conforme os princípios de sete dispensações diferentes. Cada dispensação é distinta, e cada uma delas representa uma diferente prova para o homem natural; e desde que o homem não consegue vencer nas sucessivas provas, cada dispensação acaba num juízo. A teocracia de Israel, fundada no Monte Sinai, ocupa um lugar especial na economia divina.

As sete dispensações e os respectivos juízos divinos são sistematizados conforme a figura a seguir.

Figura 5.1 – Visão dispensionalista

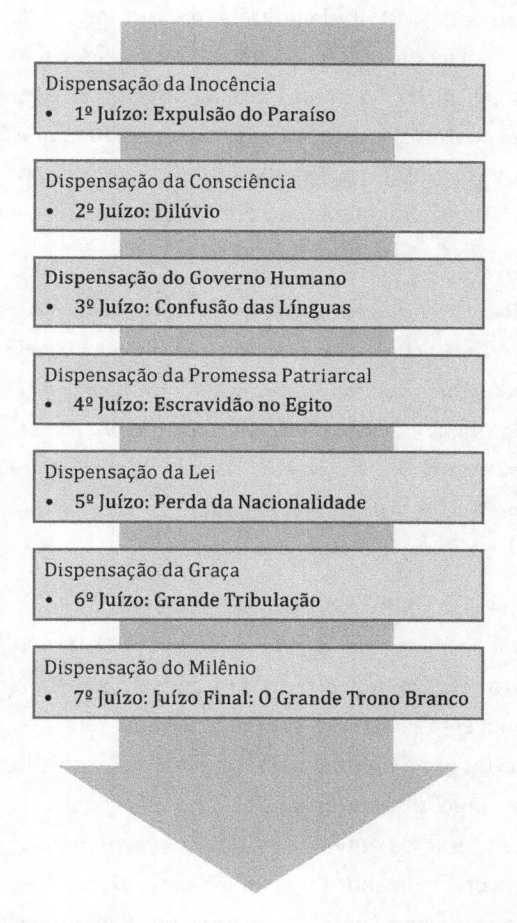

Dispensação da Inocência
- 1º Juízo: Expulsão do Paraíso

Dispensação da Consciência
- 2º Juízo: Dilúvio

Dispensação do Governo Humano
- 3º Juízo: Confusão das Línguas

Dispensação da Promessa Patriarcal
- 4º Juízo: Escravidão no Egito

Dispensação da Lei
- 5º Juízo: Perda da Nacionalidade

Dispensação da Graça
- 6º Juízo: Grande Tribulação

Dispensação do Milênio
- 7º Juízo: Juízo Final: O Grande Trono Branco

O dispensacionalismo é fruto de um desenvolvimento recente na escatologia, desencadeado pelas reflexões teológicas sobre as doutrinas das últimas coisas no século XIX e na primeira parte do século XX[1]. O principal desenvolvedor desse sistema escatológico

---

1   Confira: Gundry (1983).

foi John Nelson Darby (1800-1882), pregador anglo-irlandês, pré-milenista e pré-tribulacionista, que foi ordenado primeiramente como diácono da Igreja da Irlanda e, depois, como sacerdote.

A obra de Darby é a precursora do sistema de dispensacionalismo, que, posteriormente, foi adaptada pela *Bíblia de Referência Scofield* (Gundry, 1983, p. 33). Essa Bíblia foi a principal propagadora do dispensacionalismo no mundo protestante pentecostal. Ainda segundo Gundry (1983, p. 33):

> *A discussão da escatologia dispensacionalista é apenas uma parte de um debate mais amplo. Durante quase cento e cinquenta anos os teólogos evangélicos e ortodoxos têm lutado entre si sobre a questão de se as Escrituras ensinam o milenismo (Cristo agora reina na igreja), o pós-milenismo (a igreja ganhará o mundo para cristo mediante o poder do Espírito; depois, Cristo virá), ou o pré-milenismo (Cristo virá pessoalmente para estabelecer Seu reino).*

O dispensacionalismo utiliza, assim como o aliancionismo, o termo *aliança*, que tem origem na palavra hebraica בְּרִית (*bərît*) e na palavra grega *diathēkē* (διαθήκη), ambas significando "aliança", "pacto", "concerto". Esse uso faz parte de uma tentativa antiga de encontrar um tema ou uma palavra que una os dois testamentos em um contínuo ininterrupto.

Utilizando-se das mesmas palavras, os dispensacionalistas fazem uma crítica à abordagem aliancista, alegando que ela não é capaz de explicar as questões escatológicas das Escrituras, conforme esclarece Pentecost (2006, p. 96): "Embora na teologia de alianças haja muito que esteja de acordo com as Escrituras, ela é insatisfatória para explicar as Escrituras escatologicamente, pois despreza o grande campo de alianças bíblicas que determinam todo o plano escatológico".

Como se pode notar, a discussão entre as diferentes visões escatológicas é, muitas vezes, acirrada, gerando grandes debates e divisões – que analisaremos nos tópicos seguintes.

5.1.2 Aliancionismo clássico

Sobre as alianças divinas, informa Robertson (2002, p. 7):

> As Escrituras testificam com clareza a respeito da significação das alianças divinas. Deus entrou, repetidamente, em relação de aliança com indivíduos. Referências explícitas encontram-se na aliança divina estabelecida com Noé (Gn 6.18), Abraão (Gn 15.18), Israel (Êx 24.8) e Davi (Sl 89.3). Os profetas de Israel predisseram a vinda dos dias da 'nova' aliança (Jr 31.31), e Cristo mesmo falou da última ceia em linguagem de aliança (Lc 22.20).

A tradição reformada faz duras críticas ao dispensacionalismo, porém, ao analisarmos o sistema do aliancionismo, podemos verificar similaridades com as várias épocas do dispensacionalismo – embora com outro nome: em vez de *dispensação*, prefere-se o termo *aliança*. Curiosamente, entretanto, podemos dividir as alianças, ou pactos, aliancionistas também em sete, conforme exibido na figura a seguir.

Figura 5.2 – Visão aliancionista

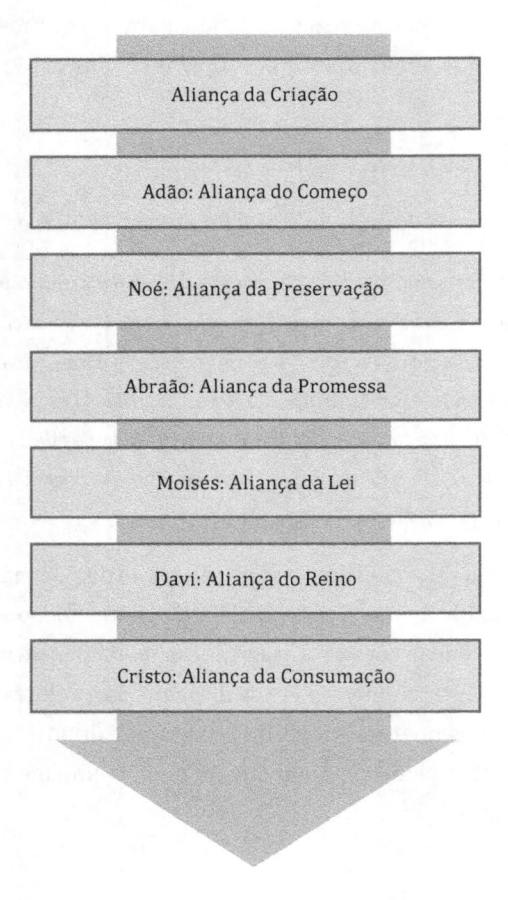

- Aliança da Criação
- Adão: Aliança do Começo
- Noé: Aliança da Preservação
- Abraão: Aliança da Promessa
- Moisés: Aliança da Lei
- Davi: Aliança do Reino
- Cristo: Aliança da Consumação

Fonte: Elaborado com base em Robertson (2002).

Diferentemente do dispensacionalismo, contudo, o aliancionismo não estabelece várias formas de Deus tratar a humanidade no plano salvífico, mas uma única forma: a aliança, ou pacto, em que Cristo é o autor dos pactos tanto no texto da Bíblia Hebraica quanto no NT.

Estudo de caso

> Os defensores dessa corrente geralmente reconhecem que o dispensacionalismo **não** era um sistema completamente desenvolvido até o século XX, mas argumentam que havia precursores relevantes desse sistema. Sem dúvida, é possível que o pré-milenismo dos primeiros séculos da Igreja tenha incluído a crença no arrebatamento conforme o pré-tribulacionismo. Além disso, alguns desses primeiros pré-milenistas falavam de dispensações. Contudo, **não** queriam dizer por *dispensação* exatamente o que os dispensacionalistas atuais querem dizer com essa palavra. Até mesmo João Calvino se referiu a dispensações, apesar de não ser dispensacionalista.
>
> *Fonte: Erickson, 2010, p. 136.*

Ao ler o texto, perceba que o autor se refere a um argumento utilizado por todas as posições escatológicas com relação à antiguidade de suas afirmações: essa doutrina era ensinada pela Igreja Primitiva. O discurso teológico confessional de várias linhas tem como ponto comum a tentativa de fundamentar sua posição por meio de citações dos Pais da Igreja. Por exemplo: os aliancionistas costumam utilizar o argumento de que o dispensacionalismo é uma doutrina recente, nunca antes ensinada pela Igreja Primitiva, mas os mesmos grupos, quando lembrados de que o amilenismo não era ensinado pela Igreja Primitiva nos primeiros séculos – e até era considerado uma heresia –, mudam o discurso, dizendo que, naquele período, a Igreja ainda não tinha desenvolvido a doutrina escatológica, pois estava preocupada com outras doutrinas. Da mesma forma, os pré-milenistas costumam citar os Pais da Igreja, que defendiam o reino milenar; mas, quando são alertados de que não há, nesses mesmos Pais, noção alguma de dispensacionalismo, utilizam o mesmo argumento. O texto é importante para mostrar as dificuldades de se chegar a um senso comum quanto às doutrinas escatológicas do aliancionismo e do dispensacionalismo e à forma como seus proponentes mudam os respectivos discursos de acordo com a conveniência do argumento. Esse é um tipo de leitura crítica (no sentido acadêmico) que deve ser feita – não basta ler um texto aceitando ou não suas afirmações; é preciso compreender seus elementos discursivos, de modo a perceber a argumentação do autor e os motivos que o levaram a se utilizar desse ou daquele argumento.

Síntese

Neste capítulo, tratamos de duas visões importantes sobre a história da salvação e a relação delas com a escatologia. De um lado, o dispensacionalismo, que entende que, durante a história humana, Deus utilizou-se de diferentes maneiras para salvar e julgar os seres humanos; de outro, o aliancionismo, que considera que Deus sempre tratou e julgou da mesma forma, contudo, em diferentes alianças durante a história.

Atividades de autoavaliação

1. Quanto ao termo *aliança*, é possível afirmar:
    1) Trata-se de um termo criado pelos dispensacionalistas.
    II) É um termo criado pelos aliancionistas.
    III) É palavra bíblica amplamente empregada no Novo Testamento.

iv) É um termo bíblico utilizado já no Antigo Testamento.
v) É uma expressão adotada somente nos livros deuterocanônicos.

Agora, assinale a alternativa que apresenta apenas itens corretos:

a) I e III.
b) III e IV.
c) I, II e V.
d) II e III.
e) I e IV.

2. Sobre o dispensacionalismo, é possível afirmar:
   i) Trata-se de uma doutrina defendida somente pelos calvinistas.
   ii) É uma doutrina que trata somente do reino milenar.
   iii) É uma doutrina que se ocupa somente do arrebatamento.
   iv) É um sistema escatológico que divide a história em sete dispensações.
   v) É um sistema escatológico aliancionista.

Agora, assinale a alternativa que apresenta apenas itens corretos:

a) I e II.
b) IV.
c) V.
d) II e III.
e) I e IV.

3. A respeito do dispensacionalismo, é possível afirmar:
   I) É uma doutrina que se iniciou desde os primeiros momentos da história da Igreja, fundamentada na tradição dos Pais da Igreja.
   II) É fruto de um desenvolvimento recente na escatologia.
   III) É uma doutrina que foi amplamente disseminada pela Bíblia de Referência Scofield.
   IV) É uma doutrina disseminada pela Bíblia de Genebra.
   V) É uma doutrina disseminada por grupos batistas somente.

   Agora, assinale a alternativa que apresenta apenas os itens corretos:

   a) I e III.
   b) II.
   c) III.
   d) II e III.
   e) I e IV.

4. Sobre o aliancionismo, é possível afirmar:
   I) Trata-se de um sistema defendido principalmente pelos reformados.
   II) É um sistema defendido unicamente pelos dispensacionalistas.
   III) É um sistema defendido principalmente pelos pentecostais.
   IV) Constitui um sistema que divide a história em sete pactos de aliança entre Deus e o homem.
   V) É um sistema que divide a história em sete dispensações.

Agora, assinale a alternativa que apresenta a resposta correta:

a) As afirmativas I e IV são verdadeiras.
b) Somente a afirmativa I é verdadeira.
c) Somente a afirmativa I é falsa.
d) Somente a afirmativa II é falsa.
e) Somente a afirmativa V é verdadeira.

5. Quanto ao aliancionismo, é possível afirmar:
   I) Estabelece diferentes formas de Deus tratar a humanidade no decorrer dos séculos.
   II) É um sistema que analisa as diferentes alianças feitas por Deus no decorrer da história.
   III) Trata-se de um sistema cristológico, ou seja, vê Cristo como o autor dos pactos.
   IV) É um sistema que analisa somente os pactos encontrados no Novo Testamento.
   V) É um sistema que analisa somente os pactos encontrados no Antigo Testamento.

Agora, assinale a alternativa que apresenta a resposta correta:

a) As afirmativas I e IV são verdadeiras.
b) As afirmativas II e III são verdadeiras.
c) Somente a afirmativa I é falsa.
d) Somente a afirmativa II é falsa.
e) Somente a afirmativa V é verdadeira.

Atividades de aprendizagem

Questões para reflexão

1. Como o dispensacionalismo relaciona-se com a forma de a sua comunidade religiosa agir na sociedade no testemunho da fé cristã? Caso você não pertença a nenhuma comunidade religiosa, como essa visão da história pode influenciar no modo como as pessoas religiosas tentam convencer as outras sobre sua fé?

2. Como o aliancionismo relaciona-se com a forma de a sua comunidade religiosa agir na sociedade no testemunho da fé cristã? Caso você não pertença a nenhuma comunidade religiosa, como essa visão da história pode influenciar no modo como as pessoas religiosas tentam convencer as outras sobre sua fé?

Atividade aplicada: prática

1. Assista ao vídeo indicado a seguir e faça um resumo das posições defendidas pelos dois debatedores destacando: (1) pontos fortes; (2) pontos fracos; e (3) versículos utilizados.

    PROGRAMA VEJAM SÓ! **Aliancismo × dispensacionalismo**. Disponível em: <https://www.youtube.com/watch?v=JLBDS_qytkA>. Acesso em: 8 ago. 2019.

capítulo seis

Escatologia na contemporaneidade

06

Neste capítulo, apresentaremos os principais debates escatológicos na contemporaneidade. Analisaremos as novas abordagens da doutrina das últimas coisas, os principais teólogos que influenciaram essas novas formas de interpretar os textos escriturísticos e a tensão entre o novo debate e as visões tradicionais das doutrinas escatológicas. O objetivo é conduzir o leitor a realizar uma leitura crítica dessas novas abordagens, demonstrando as convergências e divergências do debate, o distanciamento das novas abordagens em relação às visões anteriores e como esse distanciamento gerou a discordância entre as visões ortodoxas e liberais na teologia cristã.

6.1 As novas abordagens da escatologia

Todas as doutrinas fundamentais da fé cristã foram reinterpretadas e contextualizadas durante vários momentos da história da Igreja, desde o século XIX, ampliando-se no século XX e tendo continuidade no século XXI. Do mesmo modo, as doutrinas tradicionais da escatologia também foram adaptadas, adquirindo novas roupagens e interpretações muito diferentes das confissões protestantes históricas e mesmo do cristianismo de outras vertentes de tradições interpretativas.

Sobre a importância da escatologia nos séculos XIX e XX, Bray (2017, p. 369) comenta:

> *Nosso exame da interpretação bíblica do século 19 e início do século 20 precisa concluir com a redescoberta da importância da escatologia na vida e no ministério de Jesus. Essa descoberta alterou completamente a visão liberal tradicional do Messias, pois apresentou a teoria de que a compreensão que Jesus tinha de si mesmo era radicalmente diferente do que os filósofos morais da época moderna poderiam imaginar. Essa ênfase em questões escatológicas começou com J. Weiss, que seguiu, inicialmente (1892), as concepções que seu sogro A. Ritschl tinha sobre Jesus e "o reino de Deus" como uma ordem moral e espiritual.*

A utilização das pesquisas das ciências humanas – antropologia, linguística e filosofia – começou a exercer grande papel em uma nova hermenêutica e em um novo tipo de abordagem aos textos sagrados da Bíblia Hebraica e do Novo Testamento (NT). Interpretações existencialistas, positivistas, marxistas, neomarxistas, socialistas, entre vários outros enfoques modernos e pós-modernos dados à ciência da religião e à teologia, marcaram profundamente as considerações a respeito da escatologia cristã.

Consideradas por alguns como um novo Iluminismo e como uma grande heresia por outros, não se pode negar a influência marcante desses novos pensamentos na teologia, na fé e na práxis cristã.

Erickson (2010, p. 17, 23) aponta o impacto do que chama de *teologia liberal*[1]:

> *Contudo, nesse período [século XIX], novos conceitos da própria natureza da religião irrompiam sobre a igreja, e produziam mais transformações radicais na natureza fundamental da teologia do que talvez já ocorrera em todos os séculos anteriores, desde o tempo do Novo Testamento. Sempre existiram segmentos radicais no cristianismo, mas em termos gerais ficavam somente à margem. Agora, essas transformações passaram a influenciar as correntes predominantes da igreja.*
>
> *[...]*
>
> *Temos notado um crescente consenso entre liberais a respeito da escatologia do Novo Testamento. A despeito de muitas variações, eles concordam que o reino é ético em sua natureza. É aqui e agora, dentro da história. Não é algo que virá catastroficamente em algum tempo futuro.*

Outro autor ortodoxo faz uma crítica semelhante a essas abordagens da teologia cristã e às consequências para a doutrina das últimas coisas: "O pregador liberal, praticamente, não tem nada a dizer sobre o outro mundo. Este mundo é realmente o centro de todos os seus pensamentos; mesmo a religião, e até Deus, são feitos de meios para o aprimoramento das condições neste mundo" (Machen, 2012, p. 126).

---

1 Esse trecho faz parte de palestra por mim ministrada. Confira: Ribeiro Neto (2019).

Longe de querermos discutir esses impactos e as justificativas a essas críticas, cabe aqui entender essas novas abordagens. Como já vimos, as doutrinas escatológicas tinham seus próprios problemas na interpretação de textos nada fáceis de entender, com diversas interpretações diferentes ao longo da história, mesmo dentro das confissões históricas clássicas. O chamado *liberalismo teológico* só acrescentou mais gasolina ao fogo do debate escatológico.

6.1.1 Principais teólogos que influenciaram a escatologia contemporânea[2]

Gundry (1983, p. 34) apresenta um panorama dos pontos básicos da abordagem liberal protestante sobre a escatologia:

> *O liberalismo tinha duas plataformas básicas na sua escatologia. De um lado, o Reino de Deus como conceito ético e estreitamente vinculado com o Evangelho Social poderia, ou talvez acabaria chegando a, cristianizar o mundo inteiro nas suas ordens social, política e econômica. Foi realmente um ponto de vista otimista quanto à direção da história humana e quanto ao papel do cristianismo. Embora tenha sido debatido até que ponto era divulgado este otimismo, não há dúvida de que os eventos do século XX o destroçaram. Os teólogos liberais também foram muito atraídos a uma doutrina da imortalidade pessoal. Consideravam que a ressurreição do corpo era uma doutrina materialista e não cristã, mas tinham uma fé poderosa na imortalidade [...].*

---

2   Este resumo dos principais influenciadores da doutrina escatológica foi primeiramente abordado em um curso intensivo de Escatologia, realizado em 04/03/2017 no Seminário Teológico Batista Nacional Enéas Tognini, em São Paulo. Mais informações disponíveis em: <http://www.cbnsp.com.br/eventos/curso-intensivo-de-escatologia/>. Acesso em: 5 ago. 2019. (Adaptado e ampliado neste trabalho).

Muitos teólogos reformados, evangélicos e católicos escreveram sobre a doutrina das últimas coisas e produziram milhares de comentários, tanto filosóficos quanto exegéticos. Alguns, porém, destacam-se por sua influência no pensamento cristão contemporâneo sobre a escatologia. Vamos conhecê-los.

Albert Schweitzer (1875-1965): alemão – luterano – escatologia consequente

O debate escatológico de Schweitzer, na verdade, não foi iniciado propriamente por ele. Antes de seus escritos começarem a se popularizar, o escritor Johannes Weiss (1863-1914) já havia iniciado o desenvolvimento de uma escatologia conhecida como *escatologia consistente*, que combatia o liberalismo da época com os mesmos métodos da exegese histórico-crítica. Schweitzer entendia que Jesus realmente pregava um fim catastrófico com distúrbios cósmicos – mas, segundo ele, Jesus estava errado.

Sobre a escatologia de Schweitzer, Gundry (1976, p. 34) informa:

> Schweitzer via Jesus como essencialmente um fanático escatológico que esperava ver o Reino de Deus irromper a qualquer momento. A ética de Jesus era uma ética interina, a saber: uma ética entre Sua pregação e o irromper do Reino. O conceito de Schweitzer não é geralmente sustentado hoje, mas pelo menos serviu para relembrar aos teólogos liberais que a escatologia era uma parte central da teologia do Novo Testamento e não parte da casca externa que poderia ser facilmente descartada.

Schweitzer não é, afinal, tão claro em sua abordagem. Suas conclusões são um tanto quanto vagas e chegam perto do misticismo. Ele não deixa evidente o que Jesus significa para nós e afirma que Ele viria até nós como veio aos discípulos há tanto tempo, declaração um tanto quanto existencialista e quase esotérica que não deixa explícito o que realmente queria dizer com isso.

C. H. Dodd (1884-1973): galês – protestante – escatologia realizada

Dodd foi professor de Novo Testamento em Manchester (1930) e em Cambridge (1935-1949) e seus trabalhos escatológicos foram, principalmente, sobre as parábolas do Reino, em que defendeu sua **escatologia realizada**. Era ligado ao conceito *preterista escatológico*, o qual diz que os eventos já haviam ocorrido na época bíblica. Segundo Bray (2017, p. 437), Dodd "ampliou o conceito de Bultmann do querigma com a inclusão da ideia de cumprimento histórico".

Rudolf Karl Bultmann (1884-1976): alemão – luterano – escatologia existencial

Bultmann desempenhou e continua desempenhando um papel de grande influência nos estudos neotestamentários. Suas obras são divisoras de águas nessa área, concorde-se ou não com suas proposições. Sobre Bultmann, Gundry (1983, p. 45-46) conta:

> Nascido em 20 de agosto de 1884, em Wiefeldstede em Oldenburgo, Alemanha, Rudolf Bultmann passou sua carreira inteira no mundo acadêmico. Ensinava em Marburgo desde 1912 até 1916; depois foi catedrático assistente em Breslau até 1920. Por muito pouco tempo, tinha a posição de catedrático em Giessen, e voltou para Marburgo em 1921, onde permaneceu até sua aposentadoria em 1951. Embora não fosse um ativista político, apoiou a Igreja Confessional durante a era de Hitler.

Além da intenção de desmitologizar o NT, também pretendia aplicar essa abordagem às doutrinas escatológicas, ou seja, propunha uma reinterpretação existencialista que retirasse qualquer entendimento literal das doutrinas das últimas coisas.

A desmitologização de Bultmann era uma espécie de decodificação dos símbolos de uma cultura neotestamentária para novas formas de expressão que o homem moderno pudesse compreender.

Portanto, Bultmann procurou adequar a linguagem bíblica que estava inserida dentro de uma cultura do primeiro século para o linguajar do homem de seu tempo.

Karl Barth (1886-1968): alemão – Igreja Reformada da Suíça – pan-escatologia

A despeito das polêmicas geradas pela extensa obra de Barth, não se pode discordar de sua influência marcante para os estudos teológicos. Abandonando a educação teológica do liberalismo teológico de seus professores Hermann e Harnack, buscou uma teologia mais aproximada da práxis eclesiástica e do pastorado. Sobre ele, Bray (2017, p. 431-432) aponta:

> *Teólogo reformado suíço, lecionou em Göttingen (1921), Münster (1925), Bonn (1930) e, por fim, Basileia (1935). Sua obra principal foi Church dogmatics [Dogmática eclesiástica], uma teologia sistemática de fôlego que ele redigiu durante várias décadas e nunca chegou a concluir. Também escreveu comentários teológicos de Romanos (1919, 1921), 1 Coríntios (1924) e Filipenses (1928). A fusão que Barth faz entre conservadorismo teológico e métodos críticos ficou conhecida como "neo-ortodoxia", que inspirou toda uma geração de teólogos reformados. No entanto, ele recebeu considerável oposição dos católicos, que objetaram à sua denúncia radical da teologia natural. Também é questionável se a "neo-ortodoxia" conseguirá se manter como uma síntese teológica depois que a geração dos pupilos de Barth tiver desaparecido do cenário.*

Além de uma compreensão universalista de que "ninguém pode ficar condenado por aqui" (Gundry, 1983, p. 40), Barth abordava a escatologia como um eterno devir, uma acontecer transcendente. Para ele, a eternidade não é um momento no tempo, e sim a superação de cada tempo. Portanto, a vinda de Jesus (parussia) não deveria ser entendida como uma segunda vinda, mas como uma presença constante.

Jürgen Moltmann (1926-): alemão – Igreja Reformada – teologia da esperança (ou do futuro)

Entende que a escatologia é o ponto central do Evangelho e a teologia é essencialmente escatológica. Moltmann acredita que o futuro determina o presente e lhe dá esperanças. Propõe uma teologia escatológica que nunca se concretiza, pois a esperança deve estar sempre presente. Para ele, "a igreja é instrumental em atingir esta salvação por meio de tomar o partido dos oprimidos do mundo" (Gundry, 1983, p. 173).

Sobre a teologia da esperança, o *Breve dicionário de teologia* (BDT) esclarece:

> *Escola teológica relacionada estreitamente com o teólogo alemão Jurgen Moltmann (1926-) que publicou no ano de 1964 o livro Teologia da esperança. Teologicamente, Moltmann foi profundamente impactado por Barth e todo o despertar da teologia neo-ortodoxa. Filosoficamente, recebeu o influxo do filósofo marxista Ernst Bloch, cujo livro O princípio da esperança levou Moltmann a considerar o grau em que a teologia cristã tem abandonado um tema que deveria estar em seu centro. Isso o levou a um redescobrimento da escatologia como tema central da fé cristã, mas não da escatologia como simplesmente a "doutrina das últimas coisas", mas antes como a esperança pela qual a igreja vive. A esperança cristã é a certeza do futuro de Deus para a criação, e, portanto, livra os crentes da necessidade de buscar a própria redenção e torna possível a própria entrega.* (González, 2009, p. 117)

Moltmann estará bem presente na teologia do brasileiro Rubem Alves, que aplicou certas modificações próprias, e de outros teólogos de todo o planeta. Sua teologia também continua sendo alvo de intenso debate entre ortodoxos, liberais e neo-ortodoxos no Brasil e no mundo.

Paul Tillich (1886-1965): alemão – luterano – o Reino de Deus como fim da história

Nascido na Alemanha, mas refugiado da perseguição nazista nos Estados Unidos nos anos 1930. Segundo Miller e Grenz (2011, p. 69-70):

> Nos EUA, lecionou teologia no Union Theological Seminary, na Universidade de Chicago e em Harvard. O futuro da teologia americana seria fortemente influenciado por ele. Diferentemente de Barth, para quem a filosofia e a cultura não passam de distrações para a teologia, Tillich acolheu a contribuição de muitos campos do conhecimento secular na tentativa de estabelecer uma correlação entre filosofia e teologia. Deslocando-se ainda mais do que Bultmann na direção de uma plataforma marcadamente filosófica e metafísica, sempre muito à vontade em qualquer período da história da filosofia e da teologia, e valendo-se das contribuições do pensamento recente, como a psicologia profunda, Tillich procurou construir sua teologia existencialista e de "fronteira" de tal forma que fosse aplicável a todas as fases da vida e da experiência. Ele foi chamado de "apóstolo dos intelectuais".

Para Tillich (1987, p. 707),

> A única resposta possível é que a Vida Eterna é vida no eterno, vida em Deus. Isso corresponde à afirmação de que tudo o que é temporal provém do eterno e retorna ao eterno, e concorda com a visão paulina de que na plenitude última Deus será tudo em (ou para) tudo. Poderíamos chamar a esse símbolo de "pan-em-teísmo escatológico".

No Brasil, a teologia de Paul Tillich provoca as mais diversas reações. Para alguns grupos acadêmicos, na maioria dos cursos universitários de Teologia, ele é amado, quase idolatrado, por sua erudição. Nos chamados *seminários teológicos* de linha confessional mais ortodoxa, ele é odiado e quase demonizado por seu dito *liberalismo teológico*. Amado ou odiado, é certo que não pode ser ignorado por seu papel erudito, "para o bem ou para o mal".

Wolfhart Pannenberg (1928-2014): alemão – de família luterana, posteriormente se uniu à Igreja Confessante da Alemanha – teologia da história

"Não olha para nenhum céu para procurar qualquer salvação na determinação da verdade. A história, e a história somente, providenciará as respostas" (Gundry, 1983, p. 182). Assim é o pensamento de Pannenberg. Sua análise teológica também é escatológica e sua ênfase também está na esperança (Miller; Grenz, 2011).

Rubem Alves (1933-2014): brasileiro – presbiteriano de origem, posteriormente se desligou da Igreja – teologia da esperança reformulada

Temos poucas referências de brasileiros em obras publicadas no exterior. Alves, contudo, é uma das exceções. Tendo estudado nos Estados Unidos, tornou-se notável por sua teologia escatológica reformulada. Como dito, "emprestou" a escatologia de Moltmann, mas, não se contentando com algumas das abordagens de seu influenciador, ampliou seus conceitos para uma visão mais aplicável às realidades e às necessidades do presente. Nas palavras de Gundry (1983, p. 186), Alves "acha demasiadamente conservadora a abordagem de Moltmann de aguardar o futuro. Em vez de esperar até que o futuro agarre o homem no presente – posição esta que Alves chama de humanismo messiânico – o homem deve agarrar o futuro para si mesmo. Alves chama isso de messianismo humanista".

Alves estava convencido de que a escatologia deve colocar o ser humano em um papel mais ativo, controlador e influenciador da história. O homem criaria o destino por meio de sua ação no mundo, de modo que os papéis se inverteriam – em vez de Deus determinar os eventos históricos, é o homem que toma as rédeas de seu próprio destino.

Leonardo Boff (1938-): brasileiro – católico – teologia da libertação – escatologia existencialista

Ligado ao movimento da nova era, da teologia da libertação, entre outros que destoam do próprio catolicismo tradicional, foi duramente criticado pelo papa Bento XVI por seu pensamento e pelas críticas feitas à própria Igreja Católica. Entende que a ressurreição não é a vivificação de um cadáver,

> mas a total realização das capacidades do homem-corpo-alma, a superação de todas as alienações que estigmatizam a existência desde o sofrimento, a morte e também o pecado e, por fim, a plena glorificação como divinização do homem pela realidade divina. A ressurreição é a realidade da utopia do reino de Deus para a situação humana. Daí que para o cristianismo não há mais lugar para uma utopia, mas somente para uma topia: já agora, pelo menos em Jesus Cristo, a utopia de um mundo de total plenitude divino-humano encontrou um topos (lugar).
> (Boff, 1986, p. 101)

Embora mais conhecido por suas abordagens sociais ligadas a uma interpretação bíblica fortemente influenciada pela teologia da libertação, quando se trata de questões ligadas às doutrinas escatológicas, Boff (1986) defende uma espécie de **escatologia existencialista**, segundo a qual não importam os eventos escatológicos nem interpretações literais da ressurreição dos últimos dias. O que importa – e que ele chama de *ressurreição na vida* – não é um fim do mundo cataclísmico no fim da história, mas a ressurreição, ou seja, a imersão da vida de Cristo na história atual na vida hoje, em que morremos para nós mesmos, realizamos um *eschaton* existencial para vivermos uma nova vida no mundo.

6.2 A tensão entre a escatologia clássica e as novas abordagens escatológicas

A doutrina escatológica está sujeita ao debate e às diversas posições divergentes por si só. A tensão torna-se mais acirrada ainda quando as posições da escatologia clássica defrontam-se com as novas abordagens escatológicas. Em uma bela mensagem, Strong (2003, p. 806) relata a esperança escatológica com as seguintes palavras:

> A fé numa segunda vinda de Cristo perdeu o seu apoio em muitos cristãos em nossos dias. Mas serve para estimular e admoestar o grande corpo e nunca podemos dispensar a sua solene e poderosa influência. É verdade que Cristo vem nos avivamentos dos pentecostes e nas destruições de Jerusalém, nos movimentos da Reforma e nas revoltas políticas. Mas estas são apenas precursoras de uma outra volta de Cristo literal e final, para punir os ímpios e completar a salvação do seu povo. Esse dia para o qual todos os outros dias foram feitos será um de júbilo para aqueles que combateram o bom combate e guardaram a fé. Aguardemos e aceleremos o dia da vinda de Deus. Os jacobitas da Escócia nunca deixaram de trabalhar e sacrificar-se pela volta do rei. Nunca provaram vinho sem brindar o príncipe ausente; nunca se reuniram para cantar sem renovar os seus votos de fidelidade. Em muitas celas nos presídios e em muitos

campos de batalha executavam a melodia: "Seguir-te, seguir-te, por que não seguir-te? Por muito tempo amaste e em nós confiaste maravilhosamente: Carlos, Carlos, por que não seguir-te? Rei dos corações montanheses, bondoso príncipe Carlos!" Assim cantaram e assim convidaram-no até que ele veio. Porém o dia pelo qual tanto ansiavam quando Carlos deveria vir era fraco e debilitado comparado com o anseio dos verdadeiros corações cristãos pela vinda do seu Rei. Carlos veio, para apenas sofrer derrota e trazer vergonha ao país, mas Cristo virá para pôr fim ao triste anseio do mundo, fazer triunfar a causa da verdade, e transmitir o eterno galardão aos fiéis. "Mesmo assim, Senhor Jesus, vêm! Com anseio, com quanto anseio a terra geme, sob a maldição da guerra, e das enchentes, e fome, suspiros pelo surgimento da redenção. Por isso, vêm, é a nossa constante súplica; Traze o dia da ressurreição; Destrói a maldição!".

Apesar de a esperança da vinda de Jesus ser a grande expectativa dos cristãos, novas abordagens procuram revisões a respeito da aplicação disso na realidade presente e do papel da Igreja de uma forma mais ativa na sociedade contemporânea. A seguir, colocamos as principais objeções feitas pelas vertentes clássicas do cristianismo e as novas abordagens, consideradas liberais por essas vertentes.

Objeções feitas às antigas visões escatológicas pelo liberalismo e pela neo-ortodoxia

- Visão de ressureição corporal estranha ao pensamento bíblico semítico.
- Visão pessimista da história, que conduz à alienação do indivíduo.
- Visão pessimista da história, que conduz à alienação social.
- Concepção de vingança contra os inimigos do Israel antigo, estranha à cisão de amor salvífico presente nas escrituras.
- Biblicismo idólatra que mantém uma interpretação fechada, impossibilitando novos *insights* teológicos.
- Visão confessional fechada, conduzindo o texto a se adequar à confissão já formulada, em vez de uma exegese bíblica.
- Exegese histórico-gramatical ultrapassada diante das novas pesquisas linguísticas.

Objeções feitas às novas visões escatológicas pela ortodoxia[3]

Sobre a negação das doutrinas fundamentais da fé cristã:
- Negam a ressureição corporal de Jesus Cristo.
- Negam a ressurreição corporal do ser humano.
- Negam a salvação unicamente por Jesus Cristo.
- Negam uma vinda pessoal e visível de Jesus Cristo.
- Negam um fim catastrófico para essa criação.
- Negam a literalidade de novos céus e nova terra.

---

3 Essas considerações foram por mim expostas em palestra. Confira: Ribeiro Neto (2019).

- Negam a condenação eterna e a salvação eterna.
- Negam a inspiração da Bíblia.
- Negam a Bíblia como única e perfeita Palavra de Deus.

Sobre a prática hermenêutica e teológica:
- Utilizam-se de uma linguagem interpretativa embasada no simbolismo e na interpretação alegórica.
- Utilizam-se de um discurso pagão-esotérico hermético e confuso.
- Utilizam-se de um discurso marxista, reinterpretando o conceito de *Reino de Deus* em termos políticos.
- Utilizam-se de um discurso do pluralismo religioso.
- Utilizam-se de uma hermenêutica da releitura ou da desconstrução embasada no leitor.
- Utilizam-se de um discurso otimista de transformação do mundo.
- Utilizam-se do discurso relativista da pós-modernidade.

Síntese

Neste capítulo, tratamos das principais posições teológicas e dos mais relevantes pensadores contemporâneos da escatologia e como suas posições entraram em conflito com as posições ortodoxas e tradicionais sobre o tema. Também refletimos sobre o quanto essas posições têm forte influência dos pensamentos modernista e pós-modernista.

Atividades de autoavaliação

1. Quanto às novas abordagens escatológicas, é possível afirmar:
   i) Mantiveram-se dentro de uma abordagem ortodoxa da teologia.
   ii) Afastaram-se das linhas clássicas de abordagem escatológica.
   iii) Fundamentam-se em uma exegese confessional.
   iv) Fundamentam-se em uma interpretação literal dos textos escatológicos.
   v) São abordagens da filosofia antiga adaptadas para a escatologia.

   Agora, assinale a alternativa que apresenta apenas os itens corretos:

   a) I, II e V.
   b) II.
   c) III.
   d) IV e V.
   e) II e IV.

2. A respeito do pensamento de Jürgen Moltmann, é possível afirmar:
   i) Está alinhado ao pré-milenismo.
   ii) Está alinhado ao pós-milenismo.
   iii) Está alinhado ao amilenismo.
   iv) Está alinhado ao dispensacionalismo.
   v) Diz respeito à teologia da esperança, uma abordagem escatológica que se afasta das linhas tradicionais.

Agora, assinale a alternativa que apresenta apenas os itens corretos:

a) I e II.
b) III.
c) V.
d) III e IV.
e) I, II, III, IV e V.

3. Sobre Rudolf Bultmann, é possível afirmar:
   i) Defende uma escatologia existencial.
   ii) Defende um pré-milenismo pré-tribulacionista clássico.
   iii) Defende um pós-tribulacionismo clássico.
   iv) Defende um dispensacionalismo clássico.
   v) Defende a teologia da esperança.

Agora, assinale a alternativa que apresenta somente os itens corretos:

a) I.
b) I e II.
c) III.
d) I e IV.
e) V.

4. Sobre Paul Tillich, é possível afirmar:
   i) Faz parte da linha de teólogos ortodoxos.
   ii) Defende uma escatologia aliancionista pré-milenista.
   iii) **Defende um "pan-em-teísmo escatológico".**
   iv) Defende uma escatologia dispensacionalista.
   v) Defende o pré-milenismo.

Agora, assinale a alternativa que apresenta a resposta correta:

a) Todas as afirmativas são verdadeiras.
b) Todas as afirmativas são falsas.
c) Somente as afirmativas I e II são verdadeiras.
d) Somente a alternativa III é verdadeira.
e) Somente as alternativas III e V são verdadeiras.

5. Sobre Leonardo Boff, é possível afirmar:
   I) Denfende a escatologia pré-tribulacionista.
   II) Defende a escatologia existencialista.
   III) Defende a escatologia aliancionista.
   IV) Defende a ressurreição corporal da teologia ortodoxa protestante.
   V) Defende uma escatologia dispensacionalista.

Agora, assinale a alternativa que apresenta apenas os itens corretos:

a) I e II.
b) II.
c) II, III e IV.
d) II e V.
e) V.

Atividades de aprendizagem

Questões para reflexão

1. Como é possível entender a influência do pensamento pós-moderno na formação da escatologia contemporânea?

2. Quais motivos levam os pensadores mais conservadores ou ortodoxos a aceitar as afirmações escatológicas dos pensadores considerados mais liberais ou contemporâneos?

Atividade aplicada: prática

1. Assista ao vídeo indicado a seguir e explique as três principais características da pós-modernidade e como elas afetam o pensamento teológico.

PÓS-MODERNIDADE. Disponível em: <https://www.youtube.com/watch?v=X6k_nlqbanQ>. Acesso em: 8 ago. 2019.

considerações finais

A escatologia, ou *doutrina das últimas coisas*, constitui uma importante área no âmbito dos estudos teológicos, tanto em seus aspectos doutrinários, na área da teologia sistemática, nos estudos patrísticos, na teologia histórica e na interpretação bíblica ou hermenêutica, quanto nos estudos exegéticos, na área da teologia bíblica. Encontra-se presente em grande parte dos textos bíblicos, ao longo de toda a história da Igreja Cristã, e tem sido palco de grandes debates e divergências entre as várias confessionalidades e tradições interpretativas.

Não defendemos, aqui, qualquer posição escatológica específica; procuramos apenas abordar as principais posições, seus argumentos e contra-argumentos de forma simples e não exaustiva. Aprofundamentos sobre cada posição devem ser buscados nas bibliografias referenciadas no corpo do texto e na bibliografia final.

Embora seja uma área controversa da Teologia, o aprendiz não deve desanimar – pelo contrário, deve sentir-se motivado, pois, ao passo que outras áreas da Teologia aparentam ser mais fechadas a novos estudos, a doutrina das últimas coisas parece estar sempre aberta a novas análises, novos *insights* e novas luzes sobre antigos textos na realidade contemporânea.

As fontes de estudo da escatologia são imensas, desde os textos fundadores da Bíblia Hebraica, formadores dos fundamentos da religião de Israel, do judaísmo formativo e da base comum das muitas formas de judaísmo do primeiro século, até a recém-formada Igreja Cristã. Os apóstolos herdaram um *corpus* de tradição interpretativa que os fez reinterpretar esse *corpus*, bíblico ou extra-bíblico, fazendo associações e interpretações tipológicas dessa imensa tradição judaica para aplicá-las ao primeiro advento do Messias prometido de Israel, Jesus Cristo de Nazaré. Essa releitura não apenas viu o cumprimento profético da tradição na vida terrena do Mestre, mas também vislumbrou essas profecias em cumprimentos futuros para a Igreja, para Israel, para o fim dos tempos e para o Juízo Final.

A tradição apostólica foi transmitida aos discípulos da Igreja, os chamados *Pais da Igreja*, que se tornaram os novos intérpretes e herdeiros tanto do *corpus* antigo, de posse dos apóstolos, quanto de um novo *corpus*, agora de posse da Igreja Cristã. Esses novos intérpretes proporcionaram uma herança renovada para a Igreja Cristã. Suas reflexões filosóficas, exegéticas e apologéticas viabilizaram novas perspectivas de entendimento das doutrinas fundamentais da fé cristã. Assim como tantas outras doutrinas comentadas pelos Pais da Igreja, a doutrina escatológica não escapou às suas reflexões. Embora pouco desenvolvida e ainda incipiente, a escatologia patrística também forneceu os elementos fundamentais para a formação do pensamento posterior medieval. Como em tantas outras doutrinas, os Pais da Igreja divergiram em suas posições escatológicas, o que deveria nos fazer mais humildes ao analisá-las em nosso tempo.

A era medieval não trouxe grandes discussões escatológicas, mas, ao rediscutir algumas considerações patrísticas, reforçou certos pensamentos milenaristas e amilenaristas, disputados, ainda hoje, pelas diferentes confissões e sistemas de pensamento escatológico. O estudo medieval tornou-se, dessa forma, de igual importância para o estudo das últimas coisas, pois formou a base do pensamento da Reforma e o argumento dos mais variados sistemas de pensamento escatológicos nas diferentes tradições interpretativas contemporâneas, que também são suas herdeiras.

A grande era da Reforma absorveu muito das doutrinas escatológicas dos Pais da Igreja, das discussões medievais e das tradições herdadas de diversas fontes, algumas a nós desconhecidas. Preocupados, principalmente, com as doutrinas soteriológicas e com a questão da justificação pela fé, os reformadores não deixaram grandes reflexões sobre a escatologia, exceto em parcos comentários, sem novos *insights* ou grande posicionamentos, realizando apenas uma espécie de repetição do pensamento medieval e de alguns Pais. As confissões posteriores à Reforma fizeram o mesmo, ao repetir os reformadores e os pensadores medievalistas.

Os séculos XIX e XX podem ser vistos como a era da escatologia. Outras grandes doutrinas foram, sim, debatidas; porém, a proficiência de debates sobre as últimas coisas aumentou grandiosamente e popularizou-se nas principais correntes de pensamento cristão, gerando divisões calorosas e posicionamentos radicais.

As duas Grandes Guerras (1914-1918 e 1939-1945) causaram um enorme estrago e um forte pessimismo no mundo, tanto no âmbito acadêmico secular quanto no âmbito teológico. Acentuou-se, no entanto, o debate sobre as últimas coisas, principalmente sobre a volta iminente de Jesus e o fim do mundo. Antigos debates patrísticos, medievais e dos reformadores foram revividos; novos *insights* e novos sistemas de pensamento foram elaborados; o apocalipse passou a parecer mais atual, quase um jornal diário; situações nunca antes vividas pareciam tão reais que a escatologia se tornou uma espécie de necessidade na vida da Igreja.

Os séculos XX e XXI – nosso tempo: *contemporaneidade*; *modernidade tardia*, *pós-modernidade*; *modernidade líquida*; *altermodernidade*; seja lá qual for o nome que se queira dar a este tempo – apresentam dois pólos de realidade teológica. De um lado, uma escatologia tradicional, que se mantém repetindo o que disseram os reformadores, mas sem muita análise exegética ou teológica – uma espécie de apego à tradição interpretativa dos reformadores, sem tentativa de se aprofundar nos textos bíblicos em busca de novos *insights* e reflexões mais aprimorados sobre a doutrina das últimas coisas. De outro, uma escatologia estranha à tradição dos Pais da Igreja, ao medievalismo, aos reformadores e às confissões cristãs, a qual se utiliza de uma nova hermenêutica, de uma nova linguagem, dizendo-se cristã, mas que parece se afastar do que até hoje conhecemos como *cristianismo*, inserindo elementos de uma academia ateística e materialista e, ao mesmo tempo, colocando-se, mais próxima de estruturas de pensamento esotérico, de religiões de mistério, de linguagem hermética e alheia à mente cristã.

Temos nas mãos, então, toda a complexidade dessa doutrina, toda dificuldade exegética de textos que parecem distantes e impossíveis de ser entendidos, chaves hermenêuticas que aparentam estar perdidas no tempo de uma cultura que já não mais existe, de um pensamento que não podemos mais acessar. E mais: textos e pensamentos contaminados por nossa teologia, por nossas confissões; textos e pensamentos que até querem nos falar, mas nós não os deixamos, pois nossas vozes culturais, linguísticas, teológicas, confessionais, materialistas e pecadoras têm a mania sempre presente de tentar silenciar.

Está lançado o desafio, a doutrina está posta. Humildemente aprendamos com os que vieram antes de nós, com os que mergulharam nos textos originais, com os que aprenderam de outros e que ensinaram a homens fiéis e idôneos, que, por sua vez, também ensinaram a outros. Não desanimemos perante o desafio escatológico, não nos sintamos constrangidos diante de nossa pequenez, de nossa incapacidade, de nossa pecaminosidade; purifiquemo-nos, arrependamo-nos, compremos colírio para os nossos olhos para que eles vejam; compremos do ouro do Senhor para que saiamos de nossa pobreza; roguemos ao Senhor Jesus, que prometeu não nos deixar órfãos e disse que Seu Espírito Santo nos guiaria em toda a verdade.

Guia-nos, ó, Espírito Santo em Tuas verdades; na verdade da vinda do Nosso Senhor Jesus em glória para buscar a Santa Igreja, que Ele purificou com seu próprio sangue: Maranata, ora vem, Senhor Jesus!

lista de abreviaturas

ACF Almeida Corrigida Fiel

ARA Almeida Revista e Atualizada

ARC Almeida Revista e Corrigida

AT Antigo Testamento

BDT *Breve dicionário de teologia*

BH Bíblia Hebraica

BJ Bíblia de Jerusalém

LXX Versão Grega do Antigo Testamento, conhecida como *Septuaginta*

NT Novo Testamento

SBB Sociedade Bíblica do Brasil

TJ Targum de Jônatas

TO Targum de Ônquelos

TM Texto massorético

VUL Vulgata – Versão inicialmente elaborada por Jerônimo

glossário

Aliancionismo – Sistema de pensamento ligado ao movimento reformado que entende que a história humana pode ser dividida em alianças ou pactos feitos entre Deus e a humanidade ao longo da história da salvação e da revelação escriturística.

Amilenismo – Sistema de pensamento escatológico que entende que o milênio não é literal e manifesta-se na era atual da Igreja. Jesus vem sobre as nuvens, há o Juízo Final para justos e ímpios e inicia-se a eternidade.

Anticristo – O homem da iniquidade, governante mundial que virá no fim dos tempos para enganar as nações. Receberá seu poder do dragão, a antiga serpente, o diabo, e terá uma imagem para ser adorada. O falso profeta conduzirá uma espécie de culto pagão ao anticristo. Há quem interprete essa figura como um símbolo do domínio pagão e idólatra do mundo, e não propriamente como uma pessoa.

Arrebatamento – Doutrina escatológica que ensina que a Igreja será arrebatada com Cristo nos ares de modo a ser separada do mundo ímpio. A divergência quanto à doutrina está no período em que isso ocorrerá. No amilenismo e no pós-milenismo, ocorre no fim dos tempos, quando Cristo volta de uma só vez. No pré-milenismo, passa-se antes do milênio, nas subdivisões do pré-milenismo – conhecida como *pré-tribulacionismo* –, da grande tribulação. No pós-tribulacionismo, acontece depois da grande tribulação. E no mid-tribulacionismo, no meio da grande tribulação.

Dispensacionalismo – Sistema de pensamento escatológico que divide a história humana em sete dispensações, em que Deus tem diferentes formas de tratar a humanidade até a consumação dos séculos, quando haverá a última dispensação e o Juízo Final.

Escatologia – Termo formado com base na palavra grega *eschatos* (ἔσχατος), que significa "último", "o último estado". É a doutrina que estuda as últimas coisas.

Escatologia geral – Discussões doutrinárias que dizem respeito às últimas coisas de modo geral: o arrebatamento, a grande tribulação, o milênio, os sistemas escatológicos dispensacionalistas e aliancionistas – ou seja, tudo o que diz respeito ao fim dos tempos de forma ampla.

Escatologia individual – Discussões doutrinárias que se referem à morte física, à morte espiritual, à morte eterna e ao estado intermediário – ou seja, doutrinas a respeito do fim, mas que se relacionam ao indivíduo.

Mid-tribulacionismo – Doutrina escatológica que entende que a Igreja passará pela primeira parte da grande tribulação, sendo recolhida no meio do período, ou seja, após os primeiros três anos e meio da falsa paz introduzida pelo anticristo. A igreja não sofreria as pragas e os tormentos da grande tribulação, mas seria perseguida nos três anos e meio iniciais e depois estaria livre da ira de Deus, derramada na grande tribulação.

Parusia ou parúsia – Do grego *parúsia* (παρουσία), que significa "presença", "vinda", "chegada". O termo é utilizado para se referir à vinda de Jesus em glória. Todos os sistemas de pensamento escatológico – como amilenismo, pós-milenismo e pré-milenismo – entendem que essa vinda em glória acontecerá de forma visível. A divergência está no momento da vinda: se antes da consumação de todas as coisas, em um milênio literal (pré-milenismo), ou sem nenhum intervalo milenial (pós-milenismo e amilenismo). Já o pensamento liberal protestante afirma que essa vinda é simbólica, e não real.

Pós-milenismo – Doutrina escatológica que entende que a Igreja crescerá em seu testemunho ao mundo, trazendo um período de paz e prosperidade mundial, sem a necessidade de um reino milenar literal de mil anos.

Pós-tribulacionismo – Doutrina escatológica relacionada mais ao pré-milenismo, que acredita que a Igreja passará pela grande tribulação e só depois Jesus voltará em glória para reinar no milênio.

Pré-milenismo – Doutrina escatológica que entende que haverá um reino messiânico literal de mil anos, em que Cristo será o rei e os santos reinarão com ele durante esse período. Satanás seria preso durante esse tempo, de modo que não enganaria as nações até que se completassem os mil anos – momento em que ele seria solto por pouco tempo para enganar as nações e, então, viria o fim, com o Juízo Final para os ímpios e a eternidade para os justos.

Pré-tribulacionismo – Doutrina escatológica relacionada mais ao pré-milenismo, que acredita que a Igreja não passará pela tribulação, mas será arrebatada de modo secreto antes do início da tribulação. Posteriormente, Jesus voltaria de forma visível para todo o mundo e iniciaria-se o milênio.

Quiliasmo ou quiliasma – Palavra de origem grega (*chilioi* χίλιοι = "mil"), o mesmo que *milenismo* ou *pré-milenismo*, embora, na história da igreja, o pensamento quiliasta tenha tido diversas correntes, muitas vezes heréticas.

Teologia da esperança – Sistema de pensamento escatológico que entende que a doutrina das últimas coisas deve ser vista de uma forma totalmente simbólica, e não como eventos reais que acontecerão no final dos tempos. A escatologia serviria, portanto, para dar esperança aos cristãos para que vivam as adversidades da vida e influenciem a mudança do mundo.

Telos – Palavra de origem grega (*telos*–τέλος) que significa "fim", "propósito", usada na escatologia e em outras disciplinas para falar da crença de que a história tem um propósito, um objetivo, e não é obra do mero acaso.

referências

AGOSTINHO, Santo. **A doutrina cristã**: manual de exegese e formação cristã. Tradução de Nair de Assis Oliveira. São Paulo: Paulus, 2002. (Coleção Patrística, v. 17).

ALTER, R.; KERMODE, F. (Org.). **Guia literário da Bíblia**. Tradução de Raul Fiker. São Paulo: Unesp, 1997.

ALVES, R. **O suspiro dos oprimidos**. 2. ed. São Paulo: Paulinas, 1984.

ANGUS, J. **História, doutrina e interpretação da Bíblia**. Tradução de J. Santos Figueiredo. São Paulo: Hagnos, 2004.

ASENSIO, V. M. **Livros sapienciais e outros escritos**. São Paulo: Ave Maria, 1997. (Introdução ao Estudo da Bíblia, v. 5).

BALDWIN, J. G. **I e II Samuel**: introdução e comentário. Tradução de Márcio Loureiro Redondo. São Paulo: Vida Nova, 1996.

BERKHOF, L. **Teologia sistemática**. Tradução de Odayr Olivetti. 4. ed. São Paulo: Cultura Cristã, 2012.

BETTENSON, H. **Documentos da Igreja Cristã**. Tradução de Helmuth Alfredo Simon. São Paulo: Aste, 1983.

BIBLEWORKS. **Bible Works 10**. Norfolk, VA: BibleWorks, 2016. DVD-ROM.

BIBLIA HEBRAICA STTUTGARTENSIA. Hebraico. **Editio quinta emendata**. Sttutgart: Deutsche Bibelgesellschaft; Brasília: Sociedade Bíblica do Brasil, 2007.

BÍBLIA. Português. **Bíblia de Jerusalém**. São Paulo: Paulus, 2011.

BÍBLIA. Português. **Bíblia Sagrada**. Almeida revista e corrigida. 4. ed. São Paulo: Sociedade Bíblica do Brasil, 2009.

BÍBLIA. Português. **Bíblia Sagrada Edição Pastoral**. Sociedade Bíblica Católica Internacional. São Paulo: Paulus, 1990.

BLOCK, D. I. **Comentários do Antigo Testamento**: Ezequiel. Tradução de Valter Graciano e Marcello Tollentino. São Paulo: Cultura Cristã, 2012. v. 1: Capítulos 1 a 24.

BOCK, D. L. (Org.). **O milênio**: 3 pontos de vista. Tradução de Victor Deakins. São Paulo: Vida, 2005. (Coleção Debates Teológicos).

BOETTNER, L. **Pós-milenismo**. Tradução livre de Felipe Sabino de Araújo Neto. 2002. Disponível em: <http://www.monergismo.com/textos/pos_milenismo/posmilenismo2_boettner.htm>. Acesso em: 3 ago. 2019.

BOFF, L. **A nossa ressureição na morte**. 30 mar. 2018. Disponível em: <https://leonardoboff.wordpress.com/2018/03/30/a-nossa-ressurreicao-na-morte/>. Acesso em: 4 ago. 2019.

____. **A ressurreição de Cristo**: a nossa ressureição na morte. Petrópolis: Vozes, 1986.

BOICE, J. M. **Dr. James M. Boice Makes an Excellent Case for Premillennialism**. 2012. Disponível em: <https://verticallivingministries.com/2012/07/31/dr-james-m-boice-makes-an-excellent-case-for-premillennialism/>. Acesso em: 3 ago. 2019.

BOWKER, J. **The Targums & Rabbinic Literature**: an Introduction to Jewish Interpretations of Scripture. Cambridge: Cambridge University Press, 2009.

BRAY, G. **História da interpretação bíblica**. São Paulo: Vida Nova, 2017.

BRENTON, L. C. L. **The Septuagint Version**: Greek and English. Londres: Samuel Bagster & Sons, 1851.

BRIGHT, J. **História de Israel**. Tradução de Luiz Alexandre Solano Rossi e Eliane Cavalhere Solano Rossi. São Paulo: Paulus, 2003.

BROWN, D. **The Da Vinci Code**. Nova York: Anchor Books, 2003.

CALVINO, J. **Institución de la religión cristiana**. Barcelona: Felire, 2006. Tomos I e II.

CASPER, B. M. **Uma introdução ao comentário judaico da Bíblia**. Rio de Janeiro: Biblos, 1964.

CRUZ, N. Q. M. **A escatologia nos manuscritos de Qumran**: perspectivas sobre o "fim do mundo" na literatura judaico primitiva e no cristianismo emergente. 2014. Disponível em: <http://www.congressohistoriajatai.org/anais2014/Link%20(205).pdf>. Acesso em: 8 ago. 2019.

DIDACHE. Disponível em: <https://www.ccel.org/l/lake/fathers/didache.htm>. Acesso em: 3 ago. 2019.

DOUGLAS, J. D. (Org.). **O Novo Dicionário da Bíblia**. Tradução de João Bentes. 2. ed. São Paulo: Vida Nova, 1995.

EPSTEIN, I. **Breve história do judaísmo**. São Paulo: Sêfer, 2009.

ERICKSON, M. J. **Escatologia**: a polêmica em torno do milênio. Tradução de Gordon Chown e Márcia Pekkala Barrios Medeiros. São Paulo: Vida Nova, 2010.

____. **Teologia sistemática**. São Paulo: Vida Nova, 2015.

FEINBERG, J. S. (Org.). **Continuidade e descontinuidade:** perspectivas sobre o relacionamento entre o Antigo e o Novo Testamentos. São Paulo: Hagnos, 2013.

FRANCISCO, E. de F. **Manual da Bíblia Hebraica**. 2. ed. São Paulo: Vida Nova, 2005.

____. ____. 3. ed. São Paulo: Vida Nova, 2008.

GENTRY JR., K. L. **O anticristo**. Tradução de Felipe Sabino de Araújo Neto. Disponível em: <http://www.monergismo.com/textos/pos_milenismo/o-anticristo-dominio_gentry.pdf>. Acesso em: 8 ago. 2019.

____. Réplica da posição pós-milenarista. In: BOCK, D. L. (Org.). **O milênio**: 3 pontos de vista. Debates Teológicos. Tradução de Victor Deakins. São Paulo: Vida, 2005. (Coleção Debates Teológicos).

GONZÁLEZ, J. L. **Breve dicionário de teologia**. Tradução de Silvana Perrella Brito. São Paulo: Hagnos, 2009.

GRENZ, S. J.; OLSON, R. E. **A teologia do século 20 e os anos críticos do século 21**. São Paulo: Cultura Cristã, 2013.

GRONINGEN, G. V. **Revelação messiânica no Velho Testamento**. Tradução de Cláudio Wagner. Campinas: Luz Para o Caminho, 1995.

GUNDRY, R. H. **Panorama do Novo Testamento**. Tradução de João Marques Bentes. 3. ed. rev. e ampl. São Paulo: Vida Nova, 2008.

____. **Teologia contemporânea**: uma análise dos pensamentos de alguns dos principais teólogos do mundo hodierno. Tradução de Gordon Chown. São Paulo: Mundo Cristão, 1976.

____. ____. São Paulo: Mundo Cristão, 1983.

HARRIS, R. L.; ARCHER JR., G. L.; WALTKE, B. K. **Dicionário Internacional de Teologia do Antigo Testamento**. Tradução de Márcio Loureiro Redondo, Luiz A. T. Sayão e Carlos Osvaldo Pinto. São Paulo: Vida Nova, 1998.

HOUSE, H. W. **Teologia cristã em quadros**. Tradução de Alderi S. de Matos. São Paulo: Vida, 2000.

ICE, T. **Diferenças entre o arrebatamento e a segunda vinda**. Disponível em: <https://www.chamada.com.br/mensagens/arrebatamento_segunda_vinda.html>. Acesso em: 3 ago. 2019.

ISAAC, E. (Org.). **Livro de Enoque Etíope ou 1 Enoque**. Tradução de Orlando Iannuzzu Filho e Isaac Ephraim. São Paulo: Entre os Tempos, 2015.

JUSTINO DE ROMA. **I e II apologias. Diálogo com Trifão**. Tradução de Ivo Storniolo e Eucides M. Balancin. São Paulo: Paulus, 1995. (Coleção Patrística).

KELLY, J. N. D. **Patrística**: origem e desenvolvimento das doutrinas centrais da fé cristã. Tradução de Márcio Loureiro Redondo. São Paulo: Vida Nova, 1994.

KISTEMAKER, S. J. **Comentário do Novo Testamento**: Tiago e Epístolas de João. Tradução de Susana Klassen. São Paulo: Cultura Cristã, 2006.

LIBÂNIO, J. B.; BINGEMER, M. C. L. **Escatologia cristã**: o novo céu e a nova terra. Petrópolis: Vozes, 1993.

LYON, I. de. **Contra as heresias**: I, II, III, IV, V Livros. Tradução de Lourenço Costa. São Paulo: Paulus, 2014a. (Coleção Patrística).

____. **Demonstração da pregação apostólica**. Tradução de Ari Luis do Vale Ribeiro. São Paulo: Paulus, 2014b. (Coleção Patrística).

MACHEN, J. G. **Cristianismo e liberalismo**. Tradução de Caio Cesar Dias Peres. São Paulo: Shedd, 2012.

MATHISON, K. A confusão a respeito do milênio. **Ministério Fiel**, 5 jun. 2014. Disponível em: <http://www.ministeriofiel.com.br/artigos/detalhes/691/A_Confusao_a_Respeito_do_Milenio>. Acesso em: 8 ago. 2019.

MILLER, E. L.; GRENZ, S. J. **Teologias contemporâneas**. Tradução de Antivan G. Mendes. São Paulo: Vida Nova, 2011.

MILLER, S. M.; HUBER, R. V. **A Bíblia e sua história**: o surgimento e o impacto da Bíblia. Tradução de Magda D. Z. Huf e Fernando H. Huf. Barueri: SBB, 2006.

MIRANDA, E. E. de; MALCA, J. M. S. **Sábios fariseus**: reparar uma injustiça. São Paulo: Loyola, 2001.

MONLOUBOU, L. et al. **Os Salmos e os outros escritos**. Tradução de Benôni Lemos. São Paulo: Paulus, 1996.

OLIVEIRA, P. R. F. de; LIBÂNIO, J. B. **A vida e a morte**: desafios e mistérios. São Paulo: Paulinas, 1993.

ORÍGENES. **Tratado sobre os princípios**. Tradução de João Eduardo Pinto Basto Lupi. São Paulo: Paulus, 2012. (Coleção Patristica, v. 30).

OSBORNE, G. R. **A espiral hermenêutica**: uma nova abordagem à interpretação bíblica. Tradução de Daniel de Oliveira, Robinson N. Malkomes e Sueli da Silva Saraiva. São Paulo: Vida Nova, 2009.

____. **Apocalipse**: comentário exegético. Tradução de Robinson N. Malkomes e Tiago Abdalla T. Neto. São Paulo: Vida Nova, 2014.

OSWALT, J. **Comentários do Antigo Testamento**: Isaías. Tradução de Valter Graciano Martins. São Paulo: Cultura Cristã, 2011. v. 1: Capítulos 1 a 39.

PENTECOST, J. D. **Manual de escatologia**: uma análise detalhada dos eventos futuros. Tradução de Carlos Osvaldo Cardoso Pinto. São Paulo: Vida, 2006.

RIBEIRO, C. de O. História e libertação: uma contribuição de Paul Tillich para o contexto latino-americano. **Revista de Cultura Teológica**, São Paulo, v. 5, n. 21, p. 81-114, out./nov. 1997. Disponível em: <https://revistas.pucsp.br/culturateo/article/view/14372/15146>. Acesso em: 28 jul. 2019.

RIBEIRO NETO, J. **A influência da tradição na tradução e interpretação de Isaías 52.13-53.12**. São Paulo: Humanitas/Fapesp, 2016.

____. **Interpretações contemporâneas na escatologia**. Disponível em: <http://ptdocz.com/doc/1017167/escatologia-aula-introdut%C3%B3ria>. Acesso em: 5 ago. 2019.

ROBERTSON, O. P. **O Cristo dos pactos**: uma análise exegética e teológica dos sucessivos pactos bíblicos e do seu papel no desenvolvimento da revelação de Deus. Tradução de Américo Justiniano Ribeiro. São Paulo: Cultura Cristã, 2002.

SANTALA, R. **The Midrash of the Messiah**. Heinola: Risto Santala, 2002. Disponível em: <http://www.ristosantala.com/mr/Midrash_Ruth_scr.pdf>. Acesso em: 8 ago. 2019.

SANTOS, E. da S. A escatologia em alguns teólogos protestantes do século XX. **Teocomunicação – Revista da Teologia da PUCRS**, Porto Alegre, v. 35, n. 149, p. 517-551, set. 2005. Disponível em: <http://revistaseletronicas.pucrs.br/ojs/index.php/teo/article/view/1700/1233>. Acesso em: 8 ago. 2019.

SCHOCHET, J. I. **Mashiach**: o princípio de Mashiach e da era messiânica segundo a lei judaica e sua tradição. São Paulo: Maayanot, 1992.

SCHOLEM, G. **As grandes correntes da mística judaica**. Tradução de Dora Ruhamn et al. São Paulo: Perspectiva, 1972.

SCOTT JR., J. J. **Origens judaicas do Novo Testamento**: um estudo do judaísmo intertestamentário. São Paulo: Shedd, 2017.

SCRIVENER, F. H. A. (Ed.). **The New Testament in Greek**. Cambridge: Cambridge University Press, 1881.

SHEDD, R. P. **Escatologia do Novo Testamento**. 2. ed. São Paulo: Vida Nova, 1999.

SILVA, A. J. da. **A voz necessária**: encontro com os profetas do século VIII a.C. São Paulo: Paulus, 1998. Disponível em: <http://www.airtonjo.com/download/A-Voz-Necessaria.pdf>. Acesso em: 8 ago. 2019.

SPROUL, R. C. **Estes são os últimos dias?** Tradução de Francisco Wellington Ferreira. São José dos Campos: Fiel, 2015. (Questões Cruciais, n. 19).

STEINSALTZ, A. **O Talmud essencial**. Tradução de Elias Davidovic. Rio de Janeiro: Koogan, 1989.

STRONG, A. H. **Teologia sistemática**. Tradução de Augusto Victorino. São Paulo: Hagnos, 2003. v. II.

SURIAN, T. **A Escatologia luterana e o milenarismo**. 14 mar. 2014. Disponível em: <https://thiagosurian.wordpress.com/2014/03/14/a-escatologia-luterana-e-o-milenarismo/>. Acesso em: 3 ago. 2019.

TAYLOR, W. C. **Dicionário do Novo Testamento Grego**. Rio de Janeiro: Juerp, 2011.

THE LEXHAM HEBREW BIBLE. Bellingham: Lexham Press, 2012.

TILLICH, P. **Teologia sistemática**. Tradução de Getúlio Bertelli e Geraldo Korndörfer. São Paulo: Paulinas/Sinodal, 1984.

____. ____. Tradução de Getúlio Bertelli e Geraldo Korndörfer. 2. ed. São Paulo: Paulinas/Sinodal, 1987.

TOGNINI, E. **O período interbíblico**: 400 anos de silêncio profético. São Paulo: Hagnos, 2009.

TOGNINI, E. **O plano de Deus e o arrebatamento**. São Paulo: Candeia, 1996.

TRIGLOT CONCORDIA: The Symbolical Books of the Ev. Lutheran Church. St. Louis: Concordia Publishing House, 1921.

VALENTIM, G. S.; LINDEN, G. L. Hermenêutica aplicada ao estudo da escatologia bíblica: a contribuição de Santo Agostinho no debate a respeito do milênio. **Revista de Iniciação Científica da Ulbra**, n. 3, p. 197-206, 2004. Disponível em: <http://www.periodicos.ulbra.br/index.php/ic/article/viewFile/2023/1442>. Acesso em: 3 abr. 2019.

bibliografia comentada

História das doutrinas

BRAY, G. **História da interpretação bíblica**. São Paulo: Vida Nova, 2017.

    Publicada recentemente, essa obra aborda a história da interpretação bíblica desde o período neotestamentário até os nossos dias. Em cerca de 600 páginas, o autor habilidosamente envolve o leitor em uma narrativa histórica, destacando os métodos hermenêuticos e os principais nomes de cada período. Importante para a percepção do desenvolvimento da interpretação da doutrina escatológico, bem como para entender os fundamentos atuais das diversas correntes.

KELLY, J. N. D. **Patrística**: origem e desenvolvimento das doutrinas centrais da fé cristã. Tradução de Márcio Loureiro Redondo. São Paulo: Vida Nova, 1994.

Com uma perícia invejável e um domínio das fontes patrísticas primárias, Kelly explica com riqueza de detalhes o desenvolvimento do pensamento de cada doutrina fundamental para a Igreja Cristã. A doutrina escatológica não lhe escapa, mostrando as diferentes interpretações na história.

Amilenista

BERKHOF, L. **Teologia sistemática**. Tradução de Odayr Olivetti. 4. ed. São Paulo: Cultura Cristã, 2012.

Berkhof é considerado uma espécie de *locus classicus* da teologia reformada, pela sua profundidade acadêmica e pelo seu conhecimento hermenêutico, bíblico, histórico e teológico. Com uma apurada análise e forte argumentação, o autor expõe com clareza e erudição as principais doutrinas bíblicas, suas diversas confissões e interpretações. Amilenista convicto, expõe os pontos de seu pensamento e contesta com maestria as posições divergentes. Leitura indispensável para conhecer o sistema escatológico amilenista e aliancionista.

Pós-milenista

STRONG, A. H. **Teologia sistemática**. Tradução de Augusto Victorino. São Paulo: Hagnos, 2003. v. II.

Um dos poucos autores traduzidos em português que defendem a posição pós-milenista, Strong é um texto indispensável. De erudição singular e abrangência formidável, o autor utiliza fontes históricas, bíblicas, teológicas e filosóficas com a maestria que lhe é peculiar. Em dois imensos volumes, expõe, discute e explica as principais doutrinas da Bíblia de forma detalhada. O volume 2 é o que abrange a doutrina escatológica, em que o autor coloca sua posição e contesta seus oponentes com argumentos brilhantes.

Pré-milenista

PENTECOST, J. D. **Manual de escatologia**: uma análise detalhada dos eventos futuros. Tradução de Carlos Osvaldo Cardoso Pinto. São Paulo: Vida, 2006.

Pré-milenista, pré-tribulacionista e dispensacionalista clássico, a obra de Pentecost faz juz ao nome *Manual*. Texto indispensável para o conhecimento do sistema dispensacionalista, a obra não deixa de expor, inicialmente, a importância dos métodos de interpretação para o estudo da doutrina escatológica e as posições divergentes das do autor, que as contesta com profundidade e grande habilidade. O livro também tem como ponto positivo a multiplicidade de exposição de textos bíblicos para a defesa de posição do estudioso e a contestação das visões opostas.

Debates e análises comparativas

BOCK, D. L. (Org.). **O milênio**: 3 pontos de vista. Tradução de Victor Deakins. São Paulo: Vida, 2005. (Coleção Debates Teológicos).

Se pudéssemos dar um único adjetivo para resumir essa obra, seria *fantástica*. Organizado de forma brilhante, cada proponente do texto expõe a posição do autor a respeito do milênio e outros debatedores o contestam na sequência. Dessa maneira, o leitor fica conhecendo o posicionamento de cada um de forma detalhada e seus argumentos contrários. Como os três autores são os expoentes mais conhecidos e respeitados de cada posição, o texto torna-se uma obra-prima do debate sobre o milênio, indispensável para o estudante iniciante e, até mesmo, para os mais conhecedores da doutrina escatológica.

ERICKSON, M. J. **Escatologia**: a polêmica em torno do milênio. Tradução de Gordon Chown e Márcia Pekkala Barrios Medeiros. São Paulo: Vida Nova, 2010.

As habilidades de Erickson são apresentadas em todos os seus textos, mas, nessa obra, ele nos surpreende com a organização exemplar do tema em torno do milênio, iniciando com uma abordagem histórica do desenvolvimento da doutrina para, depois, expor cada posição e seus pontos fortes e fracos, em uma tentativa de neutralidade. Ainda, aborda o sistema dispensacionalista e suas diferentes vertentes, partindo, em seguida, para discussões a respeito da tribulação.

Escatologia contemporânea liberal

BOFF, L. **A ressurreição de Cristo**: a nossa ressurreição na morte. Petrópolis: Vozes, 1986.

Considerado um dos teólogos mais importantes do catolicismo, empresta da chamada *teologia liberal protestante* e dos conceitos doutrinários da nova era e das religiões orientais, da teologia da libertação e da filosofia marxista os principais argumentos para sua análise da ressurreição. Trata-se uma análise existencialista diferente das principais tradições confessionais cristãs. É leitura essencial para a compreensão das novas escatologias do nosso tempo.

apêndices

Apêndice A – Divisão da bíblia hebraica

Divisões	Nomes dos livros	Tradução	Nome na Bíblia Protestante
תּוֹרָה *tôrâh* Lei	בְּרֵאשִׁית	No princípio	Gênesis
	שְׁמוֹת	Nomes	Êxodo
	וַיִּקְרָא	E chamou	Levítico
	בְּמִדְבַּר	No deserto	Números
	דְּבָרִים	Palavras	Deuteronômio
נְבִיאִים *nevî'îm* Profetas	יְהוֹשֻׁעַ	Josué	Josué
	שֹׁפְטִים	Juízes	Juízes
	שְׁמוּאֵל א	I Samuel	I Samuel

(continua)

(continuação)

Divisões	Nomes dos livros	Tradução	Nome na Bíblia Protestante
נְבִיאִים רִאשׁוֹנִים *nevî'îm re'sônîm* Profetas anteriores	שְׁמוּאֵל ב	II Samuel	II Samuel
	מְלָכִים א	I Reis	I Reis
	מְלָכִים ב	II Reis	II Reis
נְבִיאִים אַחֲרוֹנִים *nevî'îm árrônîm* Profetas posteriores	יְשַׁעְיָה	Isaías	Isaías
	יִרְמְיָה	Jeremias	Jeremias
	יְחֶזְקֵאל	Ezequiel	Ezequiel
	הוֹשֵׁעַ	Oséias	Oséias
	יוֹאֵל	Joel	Joel
	עָמוֹס	Amós	Amós
	עֹבַדְיָה	Obadias	Obadias
	יוֹנָה	Jonas	Jonas
	מִיכָה	Miquéias	Miquéias
	נַחוּם	Naum	Naum
	חֲבַקּוּק	Habacuque	Habacuque
	צְפַנְיָה	Sofonias	Sofonias
	חַגַּי	Ageu	Ageu
	זְכַרְיָה	Zacarias	Zacarias
	מַלְאָכִי	Malaquias	Malaquias

(conclusão)

Divisões	Nomes dos livros	Tradução	Nome na Bíblia Protestante
כְּתוּבִים *ketûvîm* Escritos	תְּהִלִּים	Salmos	Salmos
	מִשְׁלֵי	Provérbios	Provérbios
	אִיּוֹב	Jó	Jó
	שִׁיר הַשִּׁירִים	Cânticos dos Cânticos	Cantares
	רוּת	Rute	Rute
	אֵיכָה	Como?	Lamentações de Jeremias
	קֹהֶלֶת	Eclesiastes	Eclesiastes
	אֶסְתֵּר	Ester	Ester
	דָּנִיֵּאל	Daniel	Daniel
	עֶזְרָא	Esdras	Esdras
	נְחֶמְיָה	Neemias	Neemias
	דִּבְרֵי הַיָּמִים א	Palavras dos Dias I	I Crônicas
	דִּבְרֵי הַיָּמִים ב	Palavras dos Dias II	II Crônicas

Apêndice B – Cânon, apócrifos e pseudoepígrafos

Cânon (*kanôn*), ocorre no Novo Testamento (NT) nas seguintes passagens: II Coríntios, 10: 13; 15; Gálatas, 6: 16. A palavra significa "padrão", "medida", "regra". No hebraico, é usada a palavra *qânêh*, que significa: "cana", "vara", "bordão". Ocorre também em: Ezequiel, 40: 3-5; 42: 16-19. A palavra foi usada para definir os livros considerados inspirados por Deus em detrimento de outros, que não se encaixavam no mesmo padrão. Segundo Douglas (1995, p. 246b):

> *O termo encontrou seu lugar no vocabulário eclesiástico. A princípio denotava o credo formulado, especialmente o símbolo do batismo, ou a doutrina da Igreja em geral. Era igualmente usado para indicar as regulações eclesiásticas de natureza variada, como do mesmo modo significava simplesmente "lista" ou "série". Não foi senão nos meados do quarto século de nossa era que o termo parece ter sido aplicado à Bíblia. No uso grego, a palavra "cânon" parece ter primeiramente denotado apenas a lista de escritos sagrados, mas, no latim, também se tornou nome para as próprias Escrituras, o que indicava que as Escrituras são a regra de ação investida com autoridade divina.*

É preciso entender que o cânon foi se desenvolvendo à medida que Deus foi revelando sua Palavra Sagrada aos homens de Deus, por Ele inspirados, mas o reconhecimento da inspiração desses autores não ocorreu imediatamente após a inspiração – foi, em verdade, um processo que durou séculos, até que o próprio Deus conduziu, primeiramente, o povo de Israel e, posteriormente, a Igreja para tal reconhecimento.

Cânon do Antigo Testamento (AT)

Como vimos no Capítulo 1, desde cedo os escritos de Moisés[1] foram considerados sagrados e agrupados como a Lei do Senhor. As seguintes referências confirmam essa afirmação: Êxodo, 13: 9; Levítico, 6: 14, 25; 7: 11; 12.7; Números, 6: 21; Deuteronômio, 30: 10; 31: 9, 26; Josué, 8: 31; 22: 5; 24: 26; I Reis, 2: 3; II Reis, 10: 31; 22: 8; 23:

---

1 Há um intenso debate quanto à autoria mosaica do Pentateuco, mas que abrange questões muito amplas para serem discutidas aqui. De qualquer maneira, adotamos a teoria tradicional da autoria mosaica.

24; I Crônicas, 16: 40; 22: 12; II Crônicas, 12: 1; 17: 9; 23: 18; 31: 3s; 34: 14s; 35: 26; Esdras, 7: 6, 10; 10: 3; Neemias, 9: 3; 10: 29, 34; Salmos, 1: 2; 19: 7; 119: 1, 55; Isaías, 1: 10; 2: 3; 5: 24; 30: 9; 42: 24; Jeremias, 8: 8; 44: 23; Lamentações, 2: 9; Daniel, 9: 13; Oséias, 8: 1; Amós, 2: 4; Miquéias, 4: 2; Zacarias, 7: 12; Malaquias, 2: 7s.

Os escritos proféticos (desde Josué até Malaquias) também foram considerados sagrados durante e após o cativeiro babilônico, conforme podemos verificar nas seguintes citações:

> **Daniel, 9: 2**
> "No primeiro ano do seu reinado, eu, Daniel, entendi pelos livros que o número dos anos, de que falara o SENHOR ao profeta Jeremias, em que haviam de cumprir-se as desolações de Jerusalém, era de setenta anos."

Aqui, Daniel entende as profecias de Jeremias como ainda por se cumprir, validando, assim, os escritos desse profeta como Palavra de Deus. Sabendo que Daniel estava, nessa época, aprisionado[2], já no cativeiro as profecias de Jeremias eram vistas como Palavra de Deus.

> **II Crônicas, 32: 32**
> "Quanto aos demais atos de Ezequias, e as suas boas obras, eis que estão escritos na visão do profeta Isaías, filho de Amós, e no livro dos reis de Judá e de Israel."

Os escritos de Isaías são tidos aqui como visão, ou seja, uma mensagem especial de Deus. Também são validados os livros de Reis e Crônicas como coleções importantes da história de Israel.

---

2   As teorias quanto à data tardia de Daniel serão contestadas adiante.

> **Ezequiel, 14: 20**
> "Ainda que Noé, Daniel e Jó estivessem no meio dela, vivo eu, diz o Senhor DEUS, que nem um filho nem uma filha eles livrariam, mas somente eles livrariam as suas próprias almas pela sua justiça."

> **Ezequiel, 28: 3**
> "Eis que tu és mais sábio que Daniel; e não há segredo algum que se possa esconder de ti."

Nessa citação, há a validação dos livros de Jó, de Moisés e do próprio Daniel como homens de Deus especiais. Lembremos que Ezequiel também estava no cativeiro babilônico e, já nessa época, esses escritos eram considerados importantes, conforme podemos observar nas citações anterior.

> **I Reis, 16: 34**
> "Em seus dias Hiel, o betelita, edificou a Jericó; em Abirão, seu primogênito, a fundou, e em Segube, seu filho menor, pôs as suas portas; conforme a palavra do SENHOR, que falara pelo ministério de Josué, filho de Num."

É importante lermos com atenção a citação anterior como uma validação da autoridade divina do livro de Josué, visto que o texto está se referenciando a uma profecia que está em Josué 6.26 e foi cumprida nos dias de Acabe.

> **Esdras, 5: 1**
> "E os profetas Ageu e Zacarias, filho de Ido, profetizaram aos judeus que estavam em Judá, e em Jerusalém; em nome do Deus de Israel lhes profetizaram."

Aqui, é reivindicada a autoria divina das profecias de Ageu e Zacarias como sendo palavras ditas em nome de Deus. Por essas citações, percebemos que vários livros já eram considerados de inspiração divina. Por meio de um estudo de citações paralelas, podemos constatar que os 39 livros do AT, desde cedo, foram julgados de autoridade divina.

Uma citação fundamental para o entendimento da formação do cânon já na época de Jesus é a seguinte passagem:

> **Lucas, 24: 44**
> "E disse-lhes: São estas as palavras que vos disse estando ainda convosco: Que convinha que se cumprisse tudo o que de mim estava escrito na lei de Moisés, e nos profetas e nos Salmos."

Uma leitura mais atenta do texto evidenciará que já havia uma tríplice divisão da Bíblia Hebraica na época de Jesus, e o Mestre usa essa divisão para lembrar os discípulos no caminho de Emaús das profecias a respeito da morte do Messias e de sua obra. A Bíblia Hebraica é dividida conforme o Apêndice A, e essa divisão é usada ainda hoje tanto pelos judeus como pelos protestantes. Embora Jesus não tenha fornecido a lista dos livros dessa divisão, ele nos deu a divisão completa (lei, profetas e Salmos, sendo Salmos o primeiro livro da seção *Escritos*).

Cânon do Novo Testamento (NT)

O cristianismo, inquestionavelmente, é uma continuação do judaísmo do primeiro século. Ainda que Brown (2003) tente associá-lo ao culto de mitra e às religiões de mistério, tais afirmações não são novas e já foram amplamente debatidas no século XIX, chegando-se à conclusão de que, apesar de algumas semelhanças com essas religiões, o cristianismo é mesmo fruto de uma tradução judaica que aguardava a vinda de um messias redentor. Os achados do Mar Morto, em 1947, mostraram que a chamada *esperança messiânica* era uma doutrina comum ao grupo de Qumran e a outros grupos judaicos do primeiro século, como os fariseus e os zelotes[3].

Como os cristãos tinham sua herança no judaísmo, usavam a mesma Bíblia dos judeus, que já possuía um cânon de 39 livros[4]. Todavia, diante da esperança messiânica dos cristãos de que Jesus era o messias prometido no AT, tiveram de formular sua teologia a partir das Escrituras do AT, mas sob a ótica dos ensinos de Jesus. Assim, a formação do cânon do NT ocorreu no ensino dos apóstolos e de pessoas ligadas a eles, que escreveram os Evangelhos, o Livro de Atos dos Apóstolos, as Epístolas e o Apocalipse, textos que constituem os 27 livros que hoje integram nossas Bíblias.

Até o ano 100 d.C., o apóstolo João estava vivo e dificilmente se aceitaria que ele teria permitido que alguém escrevesse algum material usando o nome dos apóstolos sem repudiar tal escrito por completo. Assim, qualquer livro que surgisse nesse período e

---

3   A revolta judaica de 66 d.C., que durou até 70 d.C., com a destruição do templo de Jerusalém e a derrubada da fortaleza de Massada pelo exército do General Romano Tito, teve como motivação esperanças messiânicas de libertação do jugo romano. Mais tarde, em 132-135, um líder judaico chamado *Simão Bar Kosiba*, apelidado pelos seus seguidores de *Bar Kôkva'* (בר כוכבא), "filho da estrela", também iniciou revoltas de cunhos messiânicos contra Roma. Para maiores detalhes sobre a origem judaica do cristianismo e o messianismo do primeiro século, veja SKARSAUNE, O. **À sombra do templo**: as influências do judaísmo no cristianismo primitivo. São Paulo: Vida, 2004.

4   As discussões sobre o cânon do Antigo Testamento dentro do judaísmo fogem ao escopo desta obra, mas, pelo que entendemos do historiador Flávio Josefo e por uma citação de Jesus em Lucas, 24: 44, é certo que os judeus e os primeiros cristãos utilizavam os 39 livros que temos nas Bíblias protestantes como livros autorizados e reconhecidos como sagrados.

não fosse de cunho apostólico seria desprezado pela liderança da Igreja de então[5].

Há escritos de pessoas que estiveram junto aos discípulos e sucessores de João que nos contam como foram escritos os quatro Evangelhos, conforme transcreve Bettenson (1983, p. 57) sobre um escrito de Papias, que viveu por volta do ano 130 d.C.[6]:

> *Toda vez que encontrei alguém que conversou com os antigos, perguntei-lhe diligentemente acerca dos ditos destes, do que André, Pedro, Filipe, Tomé, Tiago, João, Mateus, ou qualquer outro discípulo do Senhor, costumavam narrar. Sempre pensei que tiraria menos proveito de livros e muito mais da palavra viva dos sobreviventes".*
>
> *Papias transmite-nos outras narrativas do citado Aristião relativas aos discursos do Senhor e às tradições derivadas de João, o Ancião. Prazeroso em indicá-las aos estudiosos que as consultarão, acrescentarei ainda o que Papias anotou com respeito a Marcos, o evangelista. Eis suas palavras: "O ancião João contava que Marcos se tornou intérprete de Pedro e diligentemente, embora sem ordem, escreveu todas as coisas que, sobre ditos e fatos do Senhor, confiara à sua memória; pois pessoalmente, nunca viu nem seguiu ao Senhor, mas, como acabo de dizer, viveu com Pedro. Pedro pregava o Evangelho para benefício dos ouvintes e não para formular alguma história sistemática das palavras do Senhor." Portanto, Marcos não errou escrevendo as coisas conforme as tirava*

....
5   O manuscrito mais antigo do Novo Testamento já encontrado é de um trecho do Evangelho Segundo João, 18: 31-33 e data de cerca de 125 d.C. – aproximadamente 30 anos após a morte do apóstolo. Alguns críticos, antes desse achado, chegaram a afirmar que o Evangelho de João só foi escrito por volta do ano 200 d.C. e que não era de autoria do apóstolo de Jesus. Muitos morreram sem ver esse achado, que derruba por completo essas teorias.
6   Esse escrito de Papias nos foi preservado por Eusébio de Cesárea em sua história eclesiástica.

da memória; preocupava-o só uma coisa: nada omitir de tudo quanto tinha ouvido e não lhe acrescentar falsidade alguma. Isto é o que conta Papias sobre Marcos.

Quanto a Mateus informa o que segue: "Mateus, de início, escreveu os logia ou oráculos do Senhor na língua do hebreu e cada qual interpretou da melhor forma possível".

Esse testemunho antigo, juntamente à imensa quantidade de manuscritos do NT, comprovam que os escritos neotestamentários foram obras da mão dos apóstolos, que eram testemunhas oculares de Jesus[7]. Por outro lado, os evangelhos gnósticos foram escritos a partir de traduções do grego, feitas somente por volta do século IV d.C. Mesmo assim, Brown (2003) insiste em fazer crer que são escritos mais antigos e mais válidos que os evangelhos canônicos. O interesse de Brown (2003) em validar os evangelhos gnósticos e em expurgar os canônicos está na legitimação que quer dar à sua tese pagã-feminista.

Apócrifos e pseudoepígrafes

A palavra *apócrifo* significa "oculto", "secreto", e também é de origem grega (*apócryfós* – ἀπόκρυφος). Antigamente era usada para se referir às escrituras de religiões de mistério e de iniciação, ou seja, aos livros escondidos de religiões esotéricas, que só iam sendo

---

[7] Para um aprofundamento nesse ponto, veja MCDOWELL, J. **Evidência que exige um veredito**: evidências históricas da fé cristã. 2. ed. São Paulo: Candeia, 1997.

revelados à medida que o iniciado passava por certos estágios de elevação[8].

O termo *pseudoepígrafo* ou *pseudoepígrafe* (*pseudóepigrafê* – ψευδοεπιγραφη) é teológico e proveniente de duas palavras gregas – *pseudós* + *epígrafe*, significando "falso escrito". É utilizado na teologia para designar os livros que trazem nomes de personagens importantes da história judaica ou da história cristã como uma espécie de validação do conteúdo que trazem, mas que não foram realmente escritos pelos personagens dos quais usurpam o nome.

Os judeus usam o vocábulo *rîtsôn* (חִיצוֹן), que significa "externo", "herético", ou a expressão *səfârîm harîtsônîm* (סְפָרִים הַחִיצוֹנִים), "livros externos" (Francisco, 2008, p. 442). Segundo Miller e Huber (2006, p. 58, nota lateral):

> *No início do quinto século, quando preparava a sua grande tradução latina da Bíblia (a Vulgata), Jerônimo inclui livros da Septuaginta que não estavam no cânon hebraico. Mas, em prefácios separados, ele esclareceu que esses livros não eram canônicos; ele foi o primeiro a chamá-los de "apócrifos". Os prefácios de Jerônimo foram posteriormente retirados, e os livros apócrifos foram incorporados ao cânon católico. Os católicos, atualmente, se referem a esses livros chamando-os de deuterocanônicos, que significa "adicionados" posteriormente ao cânon.*

Em razão da popularidade do livro *O Código Da Vinci*, de Dan Brown, posteriormente transformado em filme, houve muita controvérsia a respeito dos apócrifos e da definição dos livros inspirados no concílio de Niceia. Analisemos esse fato:

---

8   Os livros que os protestantes chamam de *apócrifos* e que estão na Bíblia Católica, a igreja romana denomina *deuterocanônicos*, *cânonicos* em segundo lugar; e aos outros livros a igreja romana denomina *protocanônicos*, *cânonicos* em primeiro lugar.

Os documentos do Concílio estão disponíveis e eles não dizem nada sobre a aprovação do cânon e a exclusão dos apócrifos por motivos machistas, mas Brown (2003), para dar legitimidade à sua ideologia pagã-feminista, utiliza-se de uma personagem histórica importante como Constantino e um Concílio importante como o de Niceia para conduzir logicamente o seu leitor a acreditar nas afirmativas de seu livro[9]. A explicação mais lógica para a formação cânon do Novo Testamento é que o mesmo foi sendo formado e aceito por dois principais critérios: 1) a origem apostólica dos livros e 2) o uso que a igreja cristã fazia do mesmo. Sendo assim, livros que não foram comprovados como tendo sido escritos por um apóstolo ou alguém ligado a um apóstolo eram imediatamente descartados e deixados de lado. No segundo caso, os livros que tinham dificuldades de provarem sua origem apostólica acabaram por serem aceitos pelo uso constante que a igreja cristã fazia deles.

Quanto aos livros chamados apócrifos ou pseudo-epígrafos foram imediatamente rejeitados, eram pouco utilizados e quase ninguém os copiava, ficando assim sua preservação reservada à grupos dissidentes, chamados pelos primeiros cristãos de heréticos, que encontravam nesses livros algum apoio às suas doutrinas. Outros livros, como é o caso dos evangelhos e escritos gnósticos encontrados em 1945 em Nag Hamad, no Egito, eram traduções, muitas parafraseadas, de versões gregas mais antigas criadas para defender posições completamente diferentes das

---

9 A igreja nunca decidiu oficialmente nada sobre o cânon, só sobre a inclusão de alguns apócrifos do Antigo Testamento bem mais tarde, em 1546, no Concílio de Trento. Para mais detalhes, veja Miller e Huber (2006, p. 174-15).

que estavam contidas nos chamados evangelhos canônicos. (Ribeiro Neto, 2007, p. 27)[10]

Enquanto os apócrifos tiveram de ser decididos em concílio, o cânon se formou naturalmente pelo reconhecimento da Igreja, sem a necessidade de definições. A própria autoridade dos livros, o uso pela Igreja e a orientação do Espírito Santo de Deus definiram os livros inspirados.

Apócrifos na Bíblia Católica Romana

A igreja romana tem feito muito malabarismos falazes para tentar validar um cânon que eles chamam de *alexandrino*. Segundo citação deles mesmos em Monloubou et al. (1996, p. 341):

> *Os livros apresentados nessa segunda parte não se encontram na Bíblia hebraica e não formam parte do cânon judaico. Eles foram conservados na tradução grega da Setenta. Os católicos os aceitam como canônicos e os chamam "deuterocanônicos", para indicarem sua entrada posterior no cânon das Escrituras. As igrejas saídas da Reforma aceitam só os Escritos da Bíblia hebraica e chamam "apócrifas" as obras das quais tratamos aqui. Esses livros propõem problemas específicos quanto à sua língua original, à transmissão de seu texto e à sua canonicidade. Será oportuno lembrar os diferentes tipos de acréscimos da Setenta.*

Como é evidente, a única defesa dos textos apócrifos inclusos na Bíblia católica é a tradição, já que, como é visto na citação anterior,

---

10 Trabalho submetido à banca examinadora na Universidade Braz Cubas – Mogi das Cruzes – SP, para obtenção da Licenciatura Plena em Letras, sob orientação do Prof. Dr. José Miguel De Mattos, tendo como título: Análise de discurso crítica em *The da Vinci Code* (RIBEIRO NETO, J. **Análise de discurso crítica em *The Da Vinci Code*.** Trabalho de Conclusão de Curso (Licenciatura em Letras – Universidade Braz Cubas, Mogi das Cruzes, 2007).

a versão dos Setenta tem outros livros que a tradição católica romana resolveu não colocar em seu cânon.

Os livros que a tradição católica adotou em seu cânon[11] são os seguintes:

Tobias

Tobias partiu com o anjo, e o cachorro os acompanhou. Caminharam até o anoitecer e acamparam junto ao rio Tigre. Tobias foi lavar os pés no rio, quando um grande peixe saltou da água, tentando devorar-lhe o pé. Tobias deu um grito. Mas o anjo lhe disse: "Pegue o peixe. Não o deixe fugir". Tobias conseguiu agarrar o peixe e o tirou para fora da água. O anjo lhe disse: "Abra o peixe, tire o fel, o coração e o fígado e os guarde. Jogue fora as tripas. O fel, o coração e o fígado desse peixe são excelentes remédios". Tobias, então, abriu o peixe e tirou o fel, o coração e o fígado. Depois assou um pedaço, comeu e salgou o resto. E continuaram a viagem até chegarem perto da Média. Tobias perguntou ao anjo: "Azarias, meu irmão, que remédio se pode fazer do fígado, do coração e do fel desse peixe? Ele respondeu: "O coração e o fígado servem para serem queimados na presença de homem ou mulher atacados por algum demônio ou espírito mau. A fumaça espanta o mal e faz o demônio desaparecer para sempre. Se uma pessoa tem mancha branca nos olhos, basta passar o fel. Depois se sopra sobre as manchas, e a pessoa fica curada".
(Bíblia. Tobias, 1990, 6: 1-9)

Quando terminaram de comer e beber, foram dormir. Acompanharam o rapaz até o quarto. Tobias lembrou-se do que Rafael tinha dito, pegou

---

11 Somente no concílio de Trento, em 1545 d.C. é que definitivamente esses livros foram aceitos. Antes disso, eram amplamente debatidos e deixados fora do cânon, ou seja, até o concílio de Trento católicos e protestantes tinham a mesma Bíblia.

> o fígado e o coração do peixe, que estavam na sua sacola, e colocou no queimador de incenso. O cheiro do peixe expulsou o demônio, que fugiu para as regiões do alto Egito. Rafael imediatamente o perseguiu, o pegou e o acorrentou. (Bíblia. Tobias, 1990, 8: 1-3)

Esses trechos do livro de Tobias deixam claros os motivos pelos quais o livro não entrou no cânon judaico/cristão. Um anjo ensina magia para expulsar demônios a Tobias com o uso de coração e fígado de peixe queimados. Sabemos, pelas Escrituras do NT, que os demônios são expulsos no nome glorioso de nosso Senhor e Salvador Jesus Cristo, e não por "mandingas".

Judite

> Tirou o pano de saco e o vestido de viúva, tomou banho, passou perfume caro, penteou os cabelos, colocou um turbante na cabeça e se vestiu com a roupa de festa, que usava enquanto seu marido Manassés era vivo. Calçou sandálias e enfeitou-se com braceletes, colares, anéis, brincos e todas as suas jóias. Ficou belíssima, capaz de seduzir os homens que a vissem. (Bíblia. Judite, 1990, 10: 3-4)

Aqui, a descrição de Judite no livro que leva seu nome é vergonhosa. Parece mais a descrição de uma prostituta pronta para seduzir os homens do que de uma mulher de Deus. Compare essa descrição com a de outras mulheres santas no AT para comprovar a diferença (Gênesis, 12: 11, 14; 24: 16; 26: 7; 29: 17; Ester, 1: 11; 2: 7, 9).

> Então Judite lhe falou: "Permita-me falar-lhe e acolha as palavras desta sua serva. Esta noite não vou dizer mentira nenhuma. Se o senhor seguir os conselhos desta sua serva, Deus o ajudará em sua campanha, e seus planos não falharão". (Bíblia. Judite, 1990, 11: 5-6)

Note que Judite faz algumas promessas para o rei: diz que não vai mentir e diz que se ele ouvir os conselhos dela, Deus o ajudaria em sua campanha.

> *Então Judite se levantou e se enfeitou com suas roupas e jóias. Sua serva foi na frente e estendeu no chão, diante de Holofernes, as peles que Bagoas lhe tinha dado, para que se reclinasse enquanto comia. Judite entrou e se acomodou. Ao vê-la, Holofernes ficou arrebatado, e a paixão o agitou com o desejo violento de se unir a ela. De fato, desde a primeira vez que a viu, ele espreitava uma ocasião para seduzi-la. E Holofernes disse a Judite: "Vamos, beba e se alegre conosco." Judite respondeu: "Claro que vou beber, meu senhor. Hoje é o dia mais feliz de toda a minha vida." E Judite comeu e bebeu diante de Holofernes, servindo-se do que a sua serva tinha preparado para ela. Holofernes, entusiasmado com ela, bebeu muitíssimo vinho, como nunca havia feito antes, em toda a vida.*
> (Bíblia, Judite, 1990, 12: 15-20)

Para enganar o rei, Judite usa de sedução e diz que aquele era o dia mais feliz de sua vida.

> *Então, Judite se aproximou da coluna da cama, que ficava junto à cabeça de Holofernes, e pegou a espada dele. Depois chegou perto da cama, agarrou a cabeleira de Holofernes, e pediu: "Dá-me força agora, Senhor Deus de Israel". E com toda a força, deu dois golpes no pescoço de Holofernes e lhe cortou a cabeça. Rolou o corpo do leito e tirou o mosqueteiro das colunas. Depois saiu, entregou a cabeça de Holofernes para a serva, que a colocou na sacola de alimentos. E saíram juntas, como de costume, para rezar. Atravessaram o acampamento, rodearam o vale, subiram a encosta de Betúlia e chegaram à porta da cidade.* (Bíblia, Judite, 1990, 13: 6-10)

Toda essa narrativa mostra Judite com um caráter questionável, conforme elucidam Douglas et al. (1995, p. 92b), "a história não passa de franca ficção – doutro modo suas inexatidões seriam incríveis [...]".

I Macabeus

Pusseram-se, então, a discutir a respeito do altar dos holocaustos que fora profanado, e tiveram a ideia de destruí-lo. Assim não ficaram envergonhados pelo fato de os pagãos o terem profanado. Demoliram o altar, e puseram as pedras no monte do Templo, num lugar conveniente, até que aparecesse um profeta e resolvesse o caso. (Bíblia. I Macabeus, 1990, 4: 44-46)

Israel caiu numa tribulação tão grande, como nunca tinha havido, desde que os profetas desapareceram. (Bíblia. I Macabeus, 1990, 9: 27)

Os sacerdotes e os judeus resolveram, portanto, considerar Simão como governante e como sumo sacerdote para sempre, até que surgisse um profeta legítimo. (Bíblia. I Macabeus, 1990, 14: 41)

Essas citações tornam-se importantes para o reconhecimento do próprio autor do fato de que o espírito profético tinha cessado nesse período. Esse entendimento era muito forte no judaísmo, e os livros apócrifos surgiram justamente nesse período de silêncio profético – silêncio esse que só cessou nos dias de João Batista.

II Macabeus

Assim terminou a história de Nicanor. A partir desse tempo, a cidade passou a ser governada pelos hebreus. Por isso, aqui encerro a minha narrativa. Se ficou boa e literariamente agradável, era o que fui capaz de fazer. É desagradável beber só vinho ou só água, ao passo que vinho

> *misturado com água é agradável e gostoso. O mesmo acontece numa obra literária, onde o tempero do estilo é um prazer para o ouvido do leitor. E assim termino.* (Bíblia. II Macabeus, 1990, 15: 37-39)

Quem afirmaria, após ler esse trecho e em plena sanidade mental, que esse livro foi escrito por inspiração divina? É evidente que o autor não reivindica autoridade divina para seu escrito, mas reconhece sua falha e sua limitação literária.

Sabedoria

Em uma tentativa de defesa do livro de sabedoria, vejamos o seguinte trecho em Asensio (1997, p. 228):

> *O livro da Sabedoria condivide o mesmo destino dos livros deuterocanônicos. Embora os LXX não façam distinção entre canônicos e deuterocanônicos, e sabe-se que estes receberam o respaldo da "literatura sagrada" nos bairros judeus de Alexandria, a ortodoxia judaica dos fins do século I d.C. não aceitou os deuterocanônicos na lista dos livros inspirados. No entanto, dada a relação temática de alguns textos do NT com Sabedoria – especialmente João, Romanos, I Coríntios, Colossenses e Efésios – e o uso indiscriminado que fizeram do livro já os escritores primitivos eclesiásticos – primeira referência em Clemente Romano –, possibilitou, sem dúvida, o reconhecimento de sua canonicidade, apesar de sua exclusão da tradição canônica judaica. As discussões sobre sua canonicidade duraram, em alguns círculos, até o século XVI, ocasião em que Trento terminou definitivamente com a questão.*

O livro assemelha-se à literatura de sabedoria helenística, embora, nessa citação, o autor queira dar certa validade ao livro. O certo é que não foi citado por qualquer autor do NT e a temática não está relacionada com esse livro, mas sim com os livros de sabedoria, como Jó, Provérbios e Eclesiastes. A Igreja nunca reconheceu sua canonicidade e só no Concílio de Trento é que foi aceito como deuterocanônico.

Sirácida ou Eclesiástico[12]

> Recebemos muitos e profundos ensinamentos da Lei, dos Profetas e dos Escritos que vieram depois deles. Por tudo isso, deve-se louvar a Israel como povo instruído e sábio. Não basta que os leitores aprendam, mas também sejam capazes de ajudar os de fora, à viva voz e por escrito. Por isso, meu avô Jesus, depois de se dedicar intensamente à Leitura da Lei, dos Profetas e dos outros Livros de nossos antepassados e tendo adquirido um bom domínio sobre eles, decidiu escrever alguma coisa na linha da instrução e sabedoria. Desse modo, os que desejam aprender podem familiarizar-se com isso e progredir sempre mais na conduta da Lei. (Bíblia. Prólogo de Eclesiástico, 1990)

Esse prólogo é a maior prova de que o próprio autor não se inclui entre os livros inspirados, pois reconhece um cânon judaico, e não o da LXX – o mesmo cânon reconhecido por Jesus e seus discípulos

---

[12] Segundo Monloubou et al. (1996, p. 355-356): "Até a destruição de Jerusalém pelos romanos em 70 de nossa era, o texto hebraico de Ben Sirac era lido no judaísmo palestinense. Os fragmentos encontrados em Qumrã e Massada, escritos durante o séc. I a.C., são prova. É possível que ele tenha exercido alguma influência na comunidade de Qumrã. Na diáspora judaica de Alexandria também a versão grega deve ter sido transmitida, mesmo em sua edição com as adições, embora não se tenha encontrado nenhum testemunho da época. Pouco depois de 70, a situação muda. Rabi Aqiba, entre 90 e 135, proíbe a leitura de Ben Sirac, provavelmente porque os cristãos o liam. A autoridade de Aqiba era tal que, por algumas gerações, a obra de Ben Sirac não foi citada pelos rabinos. Mas aos poucos a proibição perdeu sua força, e no séc. IV os rabinos começaram a citá-la novamente [...]". Percebe-se, nessa citação, uma tentativa de autenticar a obra de Ben Sirac. O fato é que, apesar de o livro ter sido usado e lido tanto por judeus quanto por cristãos, nunca fez parte das obras consideradas inspiradas, nem pelo judaísmo nem pelo cristianismo.

(Lucas, 24: 44). O autor deixa claro que o livro de seu avô é um simples comentário dos livros sagrados do cânon judaico, e não um outro livro para ser incluso no cânon.

Baruc

> *O certo é que esses textos não são de Baruc, o secretário de Jeremias, mas foram escritos provavelmente no século II a.C.* (Bíblia. Introdução ao livro de Baruc, 1990, p. 1.078)

> *Livro Escrito por Baruc, filho de Nerias, filho de Maasias, filho de Sedecias, filho de Helcias, quando estava na Babilônia, no sétimo dia do mês, no quinto ano da época em que os caldeus tomaram Jerusalém e a incendiaram. Baruc leu este texto na presença de Jeconias, filho de Joaquim, rei de Judá, e também na presença de todo o povo que veio ouvir a leitura.* (Bíblia. Baruc, 1990, 1: 1-3)

> *E dei a escritura da compra a Baruque, filho de Nerias, filho de Maaséias, na presença de Hanameel, filho de meu tio e na presença das testemunhas, que subscreveram a escritura da compra, e na presença de todos os judeus que se assentavam no pátio da guarda.* (Bíblia. Jeremias, 1990, 32: 12)

É claramente uma pseudoepígrafe, ou seja, se não é um livro de Baruc e afirma ser, é falso e não deve estar incluso entre os canônicos.

Acréscimos a Ester

Seis adições são feitas ao livro canônico de Ester:

1. O sonho de Mardoqueu.
2. A carta de Hamã, anunciando a destruição de todos os judeus.
3. As orações de Mardoqueu e Ester.

4. Ester perante o rei.
5. A carta de reabilitação dos judeus e a de condenação de Hamã.
6. A interpretação do sonho de Mardoqueu.

Uma breve leitura dos trechos acrescentados ao livro de Ester revelará a tentativa de validar o livro citando fé, Deus e religião. São acréscimos que claramente não faziam parte do original e devem ser descartados.

Acréscimos a Daniel
São acrescentadas três passagens ao livro de Daniel:

1. O cântico de Azarias (Daniel, 3: 24-90).
2. A fiel Susana (Daniel, 13: 1-64).
3. Bel e o dragão (Daniel 14: 1-42).

Esses acréscimos a Daniel integram parte do texto da LXX e não faziam parte do original. Se formos colocar todos os aditamentos da versão chamada *LXX*, teremos uma outra Bíblia, com diversos livros e acréscimos[13]. Por isso, os judeus e os protestantes não incluíram tais acréscimos posteriores no livro sagrado.

Os apócrifos colocados em seu devido lugar
De acordo com Bright (2003, p. 515):

> *Quanto aos escritos judaicos não canônicos, os mais antigos deles aparecem muito antes da revolta dos Macabeus, tornando-se muito profusos durante a primeira fase daquela revolta. Embora alguns deles, por serem de data incerta, possam ser aduzidos com evidências somente*

---
13 Diversos outros livros apócrifos que estão na chamada *LXX* não foram incluídos nas Bíblias romanas. Para mais detalhes sobre esses livros, veja Douglas (1995, p. 90-94), verbete *apócrifos*.

com precaução, ainda fica uma respeitável quantidade de material, que lança luz abundante sobre as crenças do período. Entre os primeiros escritos não canônicos, estão obras como a de Tobias, que pode porvir do século quarto (foram encontrados fragmentos em Qumran em bom "aramaico imperial"), mas que usava fontes ainda mais antigas (a Sabedoria de Aquiear); o Eclesiástico (a Sabedoria de Bem Sirac), que, como seu prólogo indica, foi escrito aproximadamente em 180; e talvez Judite, que embora frequentemente colocado na metade do século segundo, é considerado por muitos como sendo do século quarto. Além disso, embora ainda se discuta, o Livro de Jubileus provavelmente seja do último período pré-macabeu (aproximadamente 175), como os primeiros elementos dos Testamentos dos Doze Patriarcas e o 1 Enoc. A Epístola de Jeremias (incluída no Livro de Baruc) pode igualmente ser do começo do século segundo, enquanto algumas adições feitas a Daniel na versão grega (a Oração de Azarias) parece convir melhor ao período Macabeu (aproximadamente 170). Finalmente, 1 Macabeus embora provavelmente escrito no fim do século dois, é (como em grau menor o é 2 Macabeus) uma excelente fonte para a história e as crenças dos judeus quando começou a luta pela independência. Tomados em conjunto, esses escritos nos dão uma ótima ideia do judaísmo, tal como ele existia no fim do período do Antigo Testamento.

Os livros apócrifos do AT pertencem ao estudo do ambiente sociocultural do judaísmo pré-cristão. Servem-nos como livros históricos (com o devido cuidado) e para entender como se formou a teologia dos vários grupos judaicos existentes no NT, uma vez que não temos outra fonte para descobrir como se constituíram essas ideias.

Apêndice C

As ordens (divisões) da mishná

Zeraim (Sementes) (זרעים)	Moed (Festas) (מועד)	Nashim (Mulheres) (נשים)	Nezikin (Danos) (נזיקין)	Kodashim (Santidades) (קודשים)	Tohorot (Pureza) (טהרות)
Berakhot	Shabbat	Yevamot	Bava Kamma	Zevahim	Keilim
Pe'ah	Eruvin	Ketubot	Bava Metzia	Menahot	Oholot
Demai	Pesahim	Nedarim	Bava Brata	Hullim	Nega'im
Kil'ayim	Shekalim	Nazir	Sanhedrin	Bekhorot	Parah
Shevi'it	Yoma	Sotah	Makkot	Arakhin	Tohorot
Terumot	Sukkah	Gittin	Shevu'ot	Temurah	Mikva'ot
Ma'asertot	Beitza	Kiddushin	Eduyot	Keritot	Niddah
Ma'aser Sheni	Rosh Hashanah		Avodah Zarah	Me'ilah	Makhshirin
Hallah	Ta'anit		Avot	Tamid	Zavim
Orlah	Megillah		Horayot	Middot	Tevul Yom
Bikkurim	Mo'ed Katan			Kinnim	Yadayim
	Hagigah				Uktzim

245

Apêndice D

As divisões do talmude babilônico

SEDER ZERA'IM	SEDER MO'ED	SEDER NASHIM	SEDER NEZIKIN	SEDER KODASHIM	SEDER TOHOROTH
Tractate Berakoth	Tractate Shabbath	Yebamoth	Beba Kamma		Niddah
		Kethuboth	Beba Mezi'a		Tohorot
		Nedarim	Beba Bathra		
		Nazir	Sanhedrin		
		Sotah	'Abodah Zarah		
		Gittin	Horayoth		

anexos

Quadro A – Alfabeto grego e transliteração utilizada[1]

Forma maiúscula	Forma minúscula	Transliteração	Som
Α	α	a	a
Β	β	b	b
Γ	γ	g	g, sempre como em ga, gue, gui, go, gu
Δ	δ	d	d
Ε	ε	e	e
Ζ	ζ	z	dz

(continua)

....

[1] Tabela primeiramente publicada em: RIBEIRO NETO, J. **Grego do Novo Testamento**: leitura, gramática e exercícios. Edição do autor. Ferraz de Vasconcelos: [s.n.], 2012. p. 2.

(conclusão)

Forma maiúscula	Forma minúscula	Transliteração	Som
Η	η	ê	e
Θ	θ	th	th, como em inglês *think*
Ι	ι	i	i
Κ	κ	k	k
Λ	λ	l	l
Μ	μ	m	m
Ν	ν	n	n
Ξ	ξ	ks	ks
Ο	ο	ó	ó
Π	π	p	p
Ρ	ρ	r	r
Σ	σ ς	s	ss
Τ	τ	t	t
Υ	υ	y	ü, como em Müller
Φ	φ	f	f
Χ	χ	k̠	r bem forte, como o chet (x) hebraico
Ψ	ψ	ps	ps
Ω	ω	ô	ô

Quadro B – Alfabeto hebraico e transliteração utilizada

QUADRÁTICO	TRANSLITERAÇÃO	PRONÚNCIA
א	ʾ	sem som
ב בּ	b, v	b, v

(continua)

(conclusão)

QUADRÁTICO	TRANSLITERAÇÃO	PRONÚNCIA
נ	g	ga, gue, gui, go, gu
ד	d	d
ה	h	r fraco e sem som no final das palavras
ו	w	v
ז	z	z
ח	ḥ	r bem forte
ט	ṭ	t
י	y	i
ך כ כּ	k, ḵ, ḵ	k, r bem forte
ל	l	l, mesmo no final
ם מ	m	m
ן נ	n	n
ס	s	ss
ע	ʿ	sem som
ף פ פּ	p, f, f	p, f, f
ץ צ	ṣ	ts
ק	q	q
ר	r	r bem fraco como na palavra hora
שׂ שׁ	**ś š**	ss ou x
ת	t	t

Quadro C – Sinais vocálicos do hebraico/aramaico bíblico[2]

SINAL	Transliteração Utilizada[3]	Pronúncia atual
QUADRÁTICA		
◌ַ	a	a
◌ֲ	ă	a
◌ָ	ā ou ɔ	a ou ó ou ô
◌ֵ	ē	e ou ey
◌ֶ	e	e ou é
◌ֱ	ĕ	e ou é
◌ִ	i	i
◌ִי	î	i
◌ֹ	o	ô ou ó
וֹ	ô	ô ou ó
◌ֳ	ŏ	ô

(continua)

....

2 Os sinais vocálicos não eram usados no hebraico antes do século VI d.C., quando um grupo de sábios judeus, chamados de *massoretas*, criaram um complexo sistema de vocalização e cantilação. Entre os grupos de sinais massoréticos que prevaleceram, o tiberiense é o usado nas edições modernas da Bíblia Hebraica. Inscrições arcaicas não utilizavam esses sinais, e o hebraico moderno não se utiliza dos sinais vocálicos, a não ser para evitar leituras dúbias.

3 Aqui, os acentos são só representações e não indicam, como no português, mudança de pronúncia das vogais.

(Quadro C – conclusão)

SINAL	Transliteração Utilizada3	Pronúncia atual
◌ֻ	u	u
וֹ◌	û	u
◌ְ	ə [4]	e ou sem pronúncia

---

[4] Somente será usado para o *shevá* audível, ou seja, o que é pronunciado. O *shevá* não pronunciado não será transliterado.

respostas

Capítulo 1

Atividades de autoavaliação
1. c
2. d
3. d
4. a
5. b

Capítulo 2

Atividades de autoavaliação
1. e
2. d
3. d

4. e
5. a

Capítulo 3

Atividades de autoavaliação

1. d
2. d
3. e
4. c
5. c

Capítulo 4

Atividades de autoavaliação

1. d
2. c
3. d
4. d
5. b

Capítulo 5

Atividades de autoavaliação

1. b
2. b
3. c
4. a
5. b

Capítulo 6

Atividades de autoavaliação
1. b
2. c
3. a
4. d
5. b

sobre o autor

José Ribeiro Neto

Doutorando e mestre em Estudos Judaicos e Árabes pela Universidade de São Paulo (USP); mestre em Teologia Bíblica do Antigo Testamento pelo Seminário Teológico Batista Nacional Enéas Tognini (STBNET); MBA em Tecnologia da Informação e Internet pela Universidade Nove de Julho (Uninove); licenciado em Letras Inglês/Português pela Universidade Braz Cubas; bacharel em Teologia pelo STBNET/Faculdade de Teologia Sul Americana (FTSA). Na Universidade Presbiteriana Mackenzie, é professor das disciplinas de Hebraico Bíblico, Grego do Novo Testamento, Exegese do Antigo Testamento e Exegese do Novo Testamento. No STBNET, é professor da disciplina Hebraico Bíblico. Pastor-Presidente da Igreja Batista do Vale/São Paulo. É autor das seguintes obras: *A influência da tradição na tradução e interpretação de Isaías 52.13-53.12* (Humanitas/Fapesp, 2016); *Alfabetização em hebraico bíblico* (Emunah, 2017); *Deus procura profetas* (Emunah, 2009); *Ele vive: as atitudes do cristão diante do impacto da ressurreição de Jesus* (Emunah, 2011); e *Grego do Novo Testamento: gramática, leitura e exercícios* (Emunah, 2012). É um dos organizadores da obra: *Por que Deus criou os asiáticos, os brancos e os negros?* (Emunah, 2016).

Os papéis utilizados neste livro, certificados por instituições ambientais competentes, são recicláveis, provenientes de fontes renováveis e, portanto, um meio **respons**ável e natural de informação e conhecimento.

FSC
www.fsc.org
MISTO
Papel produzido a partir de fontes responsáveis
FSC® C103535

Impressão: Reproset
Novembro/2021